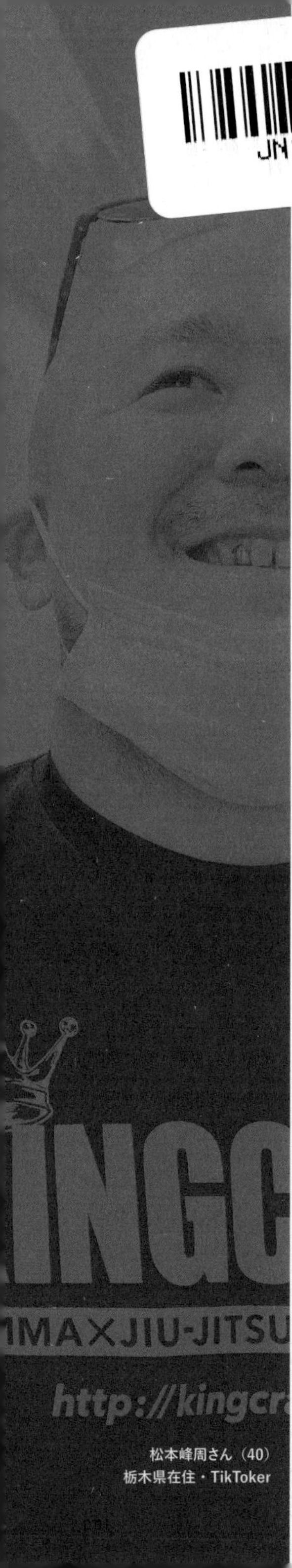

松本峰周さん（40）
栃木県在住・TikToker

INOGE Nº 109

Cover PHOTO
REIKO TOUYAMA

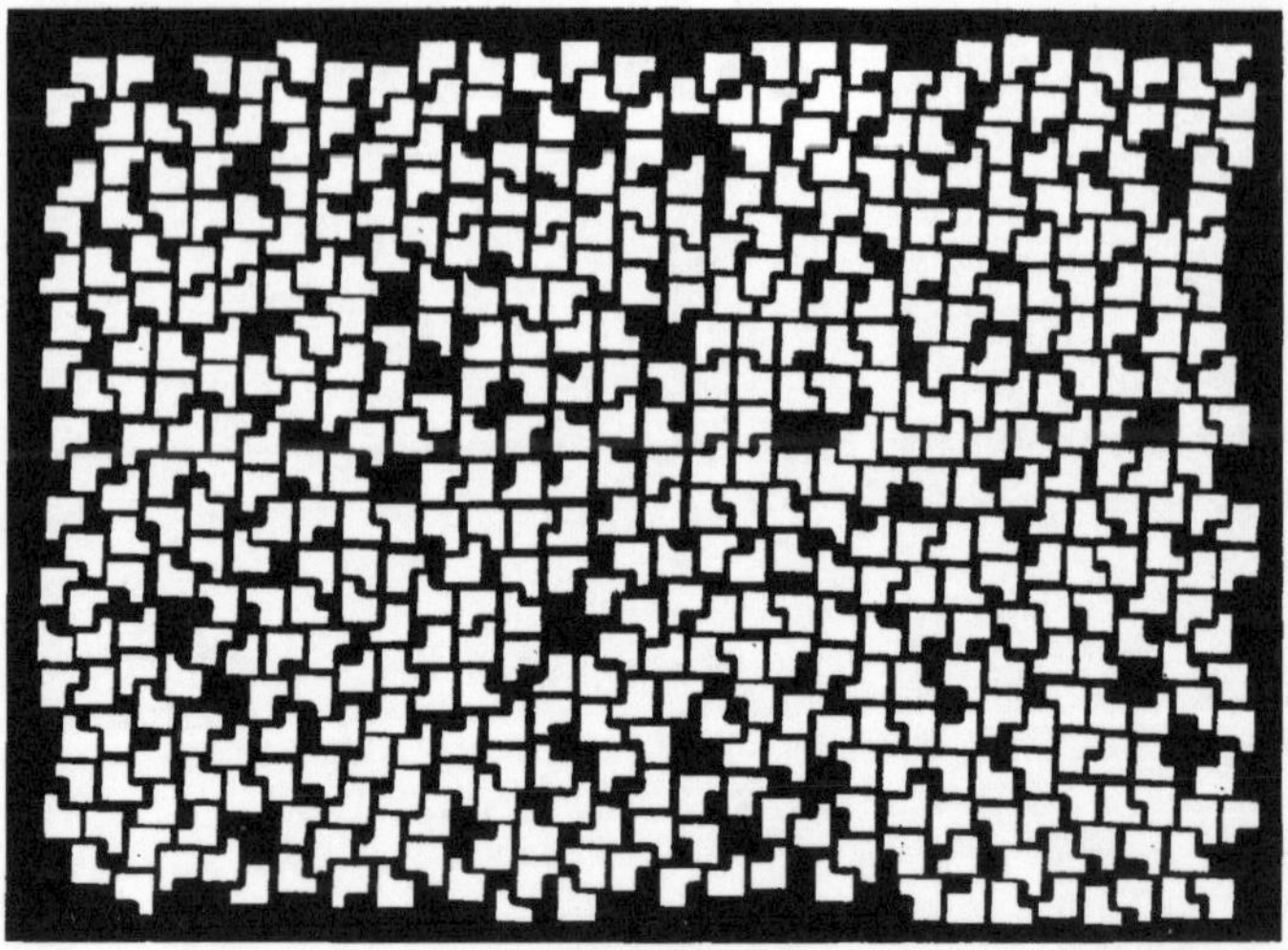

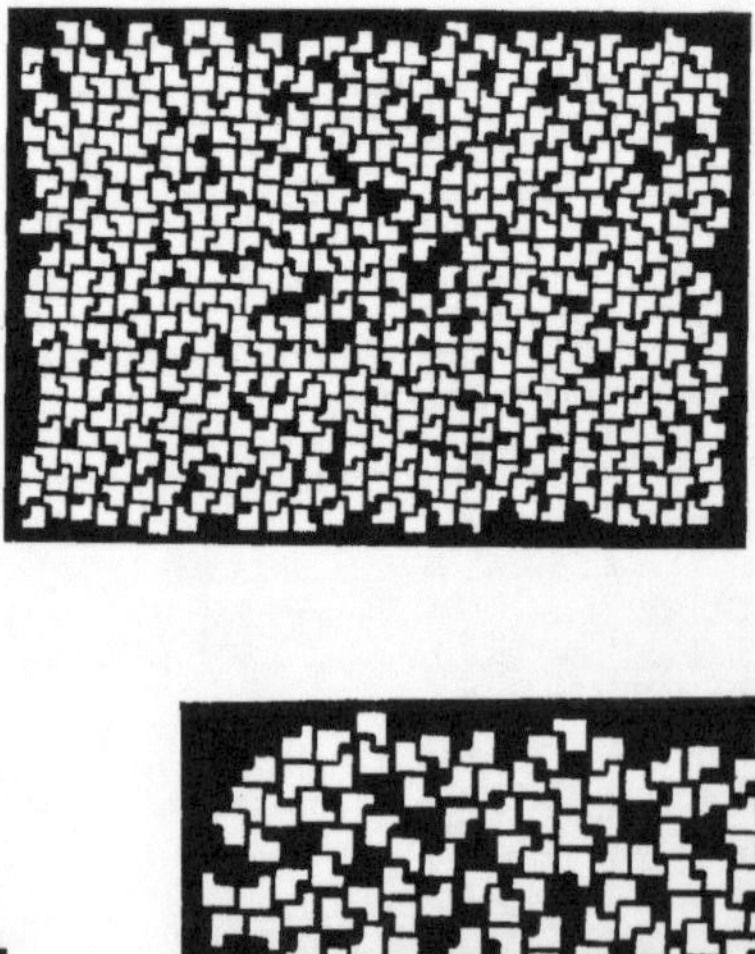

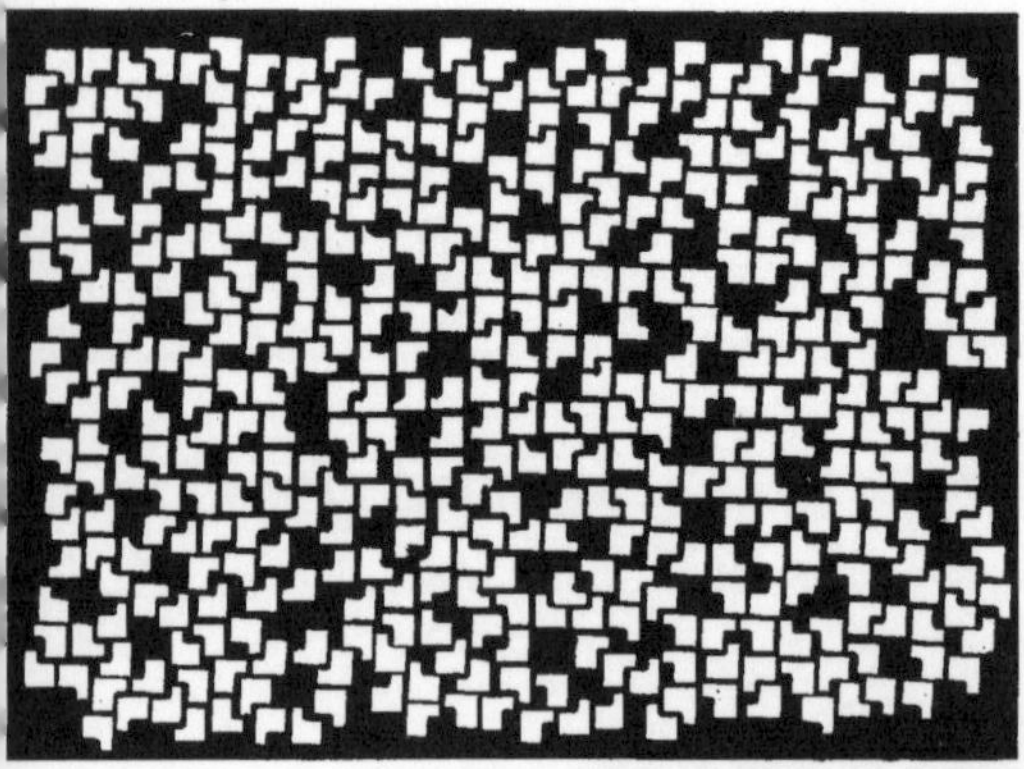

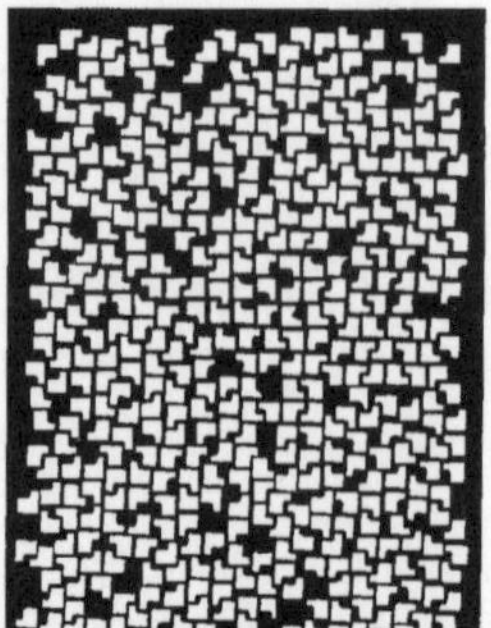

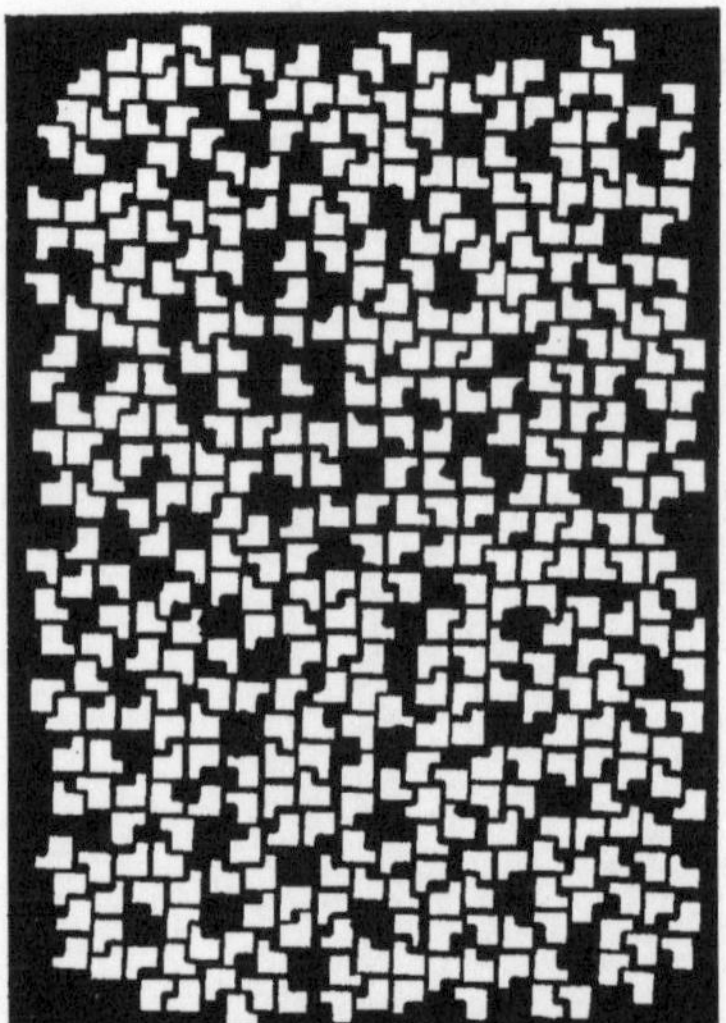

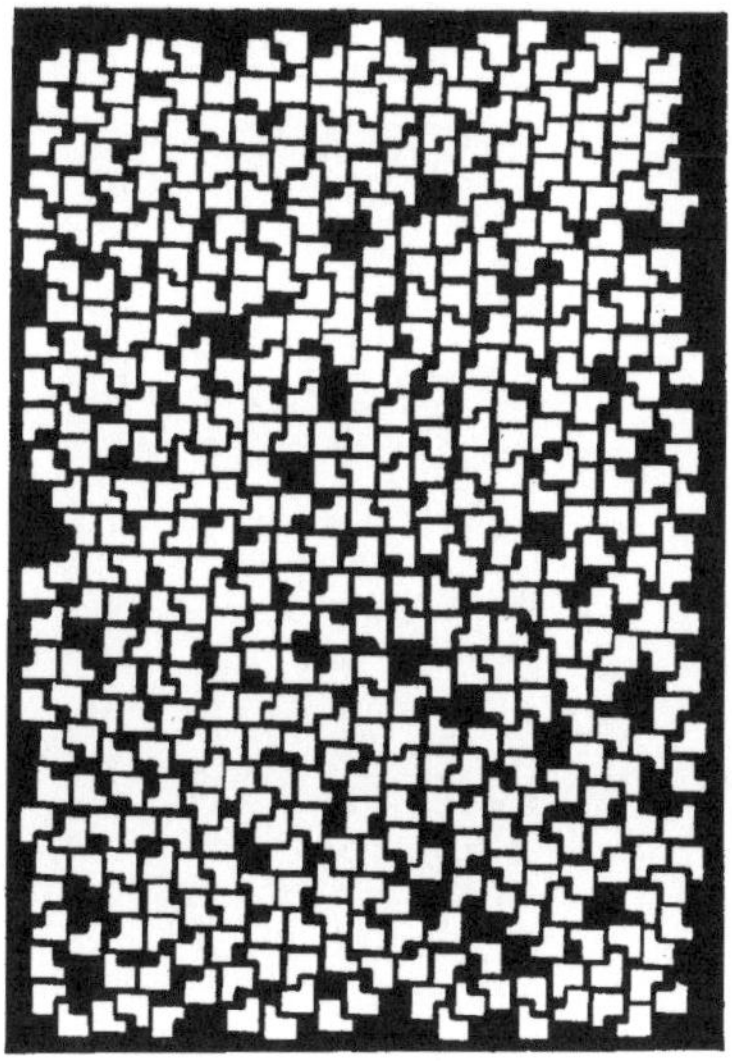
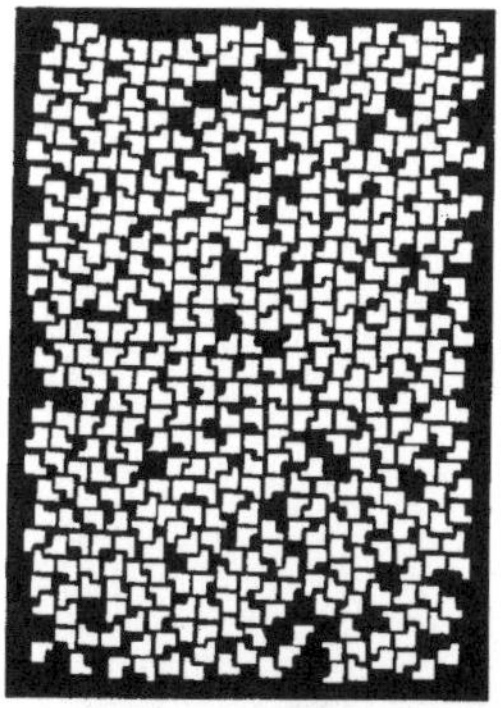
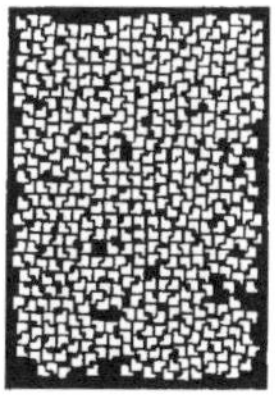
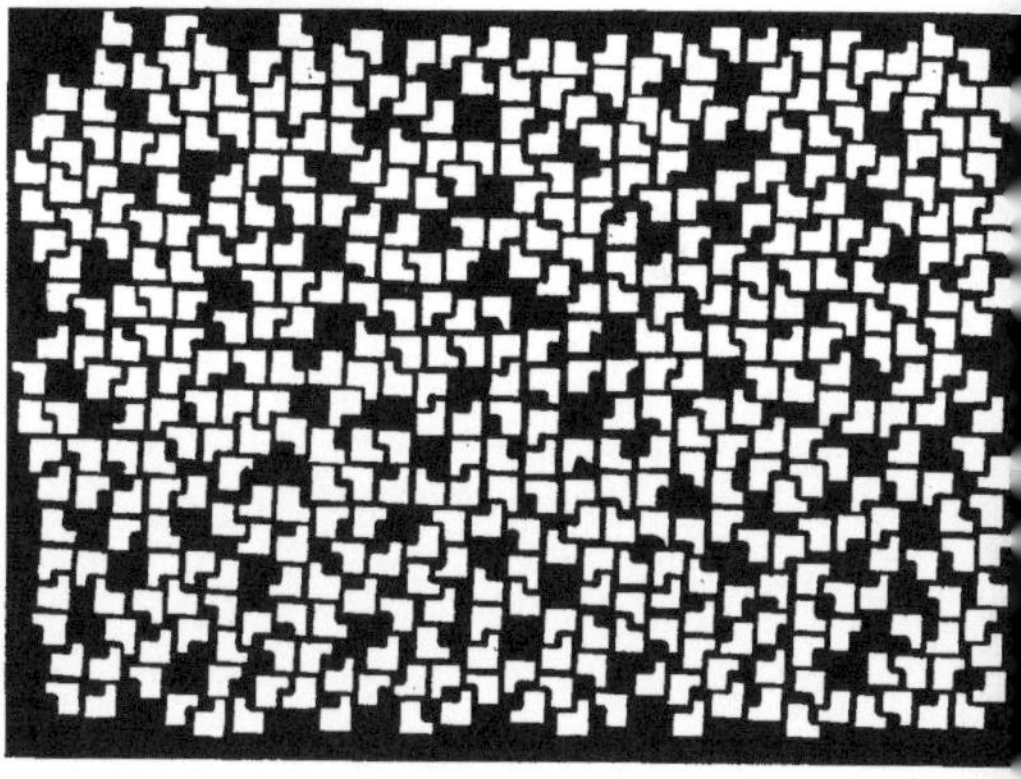
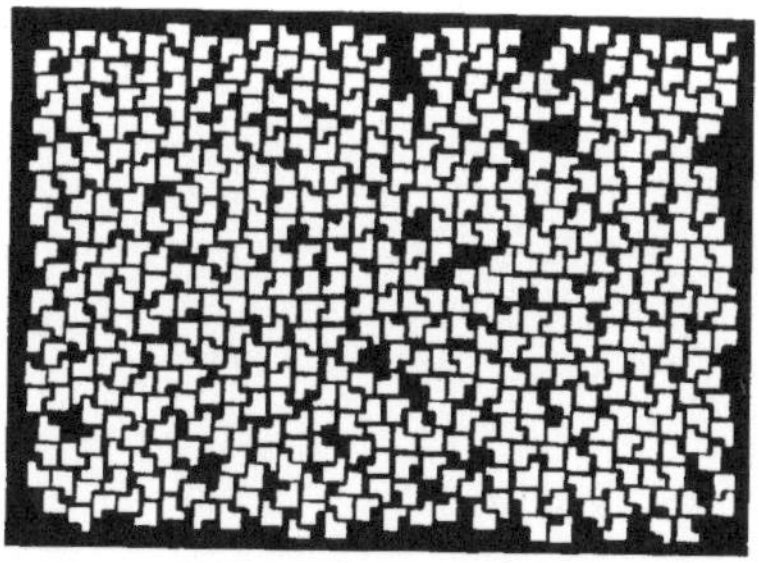
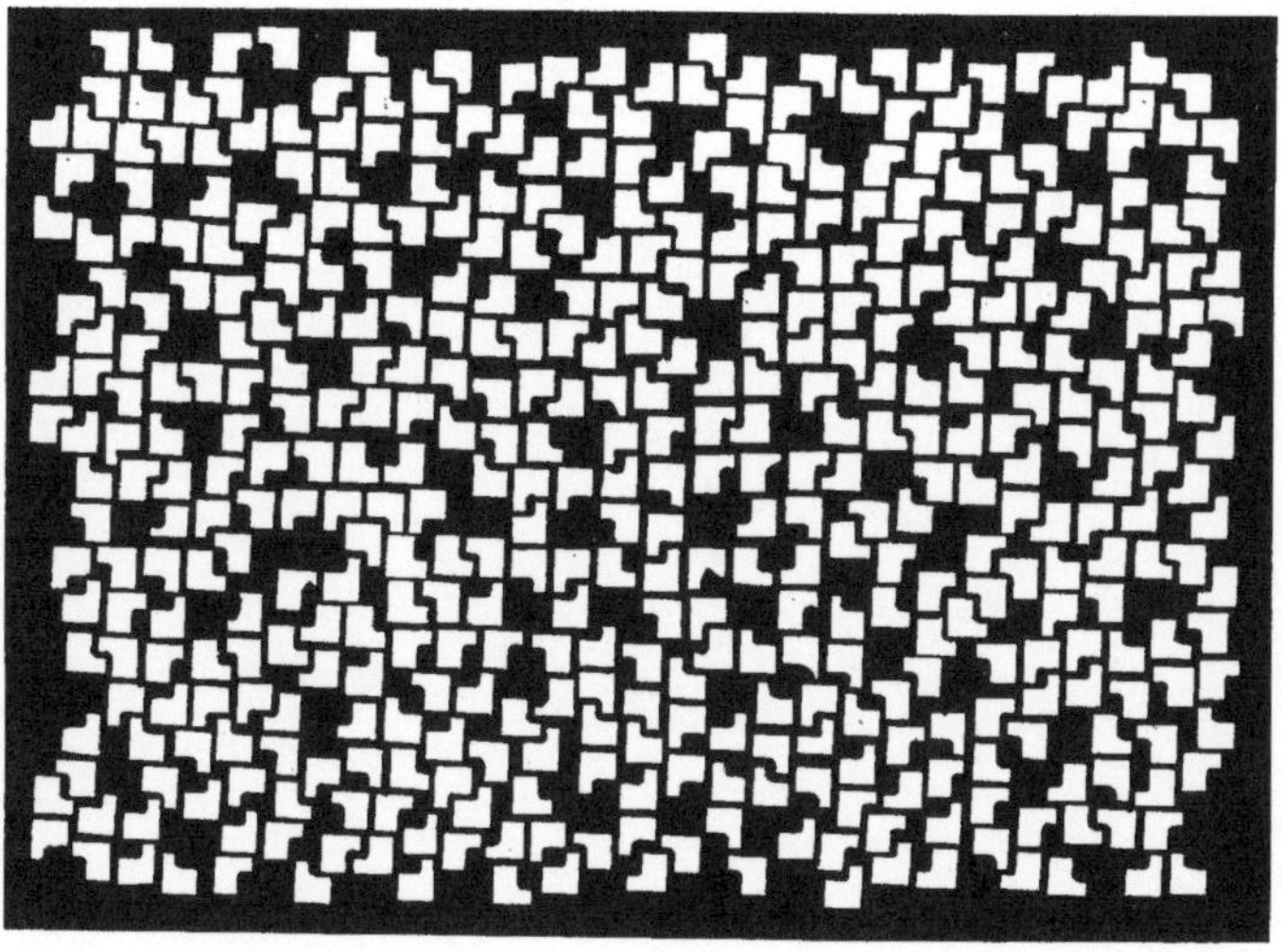
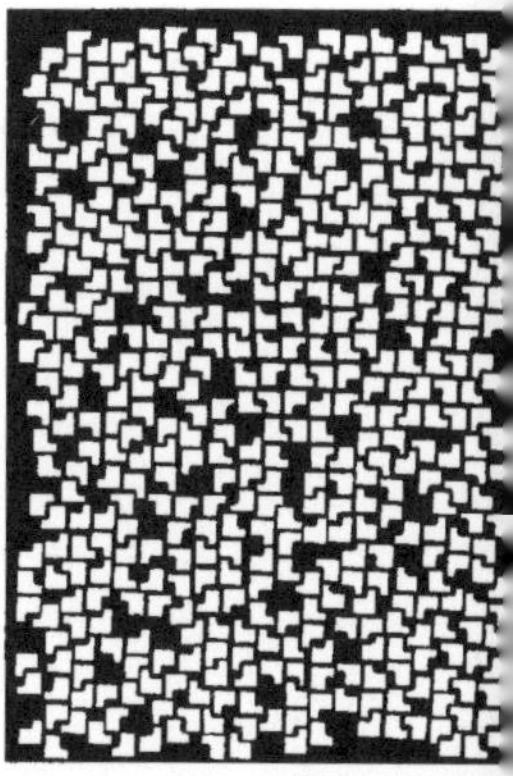

KAMINOGE COLUMN

PETIT KASHIMA

俺の人生にも、一度くらい幸せなコラムがあってもいい。

VOL.108

人生はギャンブルじゃない。

プチ鹿島

プチ鹿島（ぷち・かしま）
1970年5月23日生まれ。芸人。
TBSラジオ『東京ポッド許可局』（月曜24時〜）出演中。

競馬番組に出演するために東京競馬場へ行った。メインレースを予想してトークするという内容だ。

前日から過去のデータをおさらいし、そこに時事ネタも入れてエンタメ予想。万全の準備をして臨んだが結果はあっさりハズレ。すると関西のメインもやってくださいと言われて10分くらいで予想したら、一点で的中してしまった。たっぷりと時間をかけたほうがハズレ、気軽に予想したほうが当たる。なんという理不尽なのか。でも、ここにギャンブルの魅力があるのだろう。

こういう理不尽さは非日常だから許されるし楽しい。そうして我々は日常の世界に帰ってゆく。

この日、競馬場であらためて気づいたことがある。非日常の世界で理不尽さを味わえば味わうほど、日常の世界のやり甲斐がわかるのだ。だって考えてみてほしい。人にはそれぞれ本業があるが、日常では仕事に対して準備をすればするほど結果がちゃんとついてくる。野球選手なら素振りをするほど力が備わってくる。素振りに該当するものはどんな職業にもあるはずだ。私で言えば時事ネタ、特に最近は新聞読み比べの仕事が多いので、ニュースを読み込めば読み込むほどネタの切り口も出てくる。だから〝素振り〟に費やす時間は苦ではなくなる。そうして結果で返すことができれば仕事に呼んでくれた人や事務所など周囲にも喜んでもらえる。嬉しい循環を味わえる。だからまた次に備えて〝素振り〟をする。

そんなことを競馬場で考えていたら、長年モヤモヤしていた言葉を思い出したのである。それは「自分は人生がギャンブルだから、ギャンブルはやらないんだ」という言葉だ。これはカッコいい。本業が大成功していてイケイケな感じの人からたまに聞くセリフである。誰もが口にしてみたい言葉かもしれない。しかし、私は以前からこの言葉にどこか納得できないものを感じていた。自分にうっとりしすぎてないか、とか。でも、それは成功者に対する嫉妬かもしれないし、違和感の正体がハッキリとわからなかったのでモヤモヤだけにしておいた。

しかし今回、競馬場でわかったのである。その言葉への反論が。それを書いておこうと思う。

先ほども述べたが、ギャンブルという非日常の場は理不尽さが多い。どんなに準備してもハズレはハズレ。そのかわりに日常はがんばった分だけ結果に返ってくることを実感できる。

つまり、「人生はギャンブルじゃない」のである。

そして大事なことにさらに気づいた。「人生はギャンブルじゃない」と言っても、一生懸命勉強しても、一生懸命仕事しても、一生懸命準備しても、うまくいかない人もいる。

その原因はなんだろう。センスややり方の問題なら見直しが必要だ。しかし、それがたとえば生まれついての環境とか、いくら努力して就活しても受からないとか、入った会社に恵まれないとか、もっと言うならジェンダーが壁になっているとか、そういう「理不尽」のせいなら話は別だ。

日常の既存のルールの中で、本人がいくらがんばっても邪魔をする理不尽があるなら、それは本人の責任じゃない。社会や政治がそれを崩して取り除くべきなのである。それが社会の役目なのである。このことにハッと気づいた。努力しても理不尽さに阻まれて結果が出ない人は、それはあなたのせいじゃない。自分のせいにすることはないのだ。理不尽さに「わがまま」を言ってもいいのである。それは決してわがままではないのだから。まわりの人々に積極的に伝えればいいんだと思う。そして「日常」を努力した人にまっとうな結果が出るために、社会は助け舟を出さなければならないのだと思う。

こんなことを私は東京競馬場で馬券予想をしながら気づいた。かなり間が抜けている。あ、ここでまた気づいた。

自分にとっての真理はこういう場所でこそひらめくことを。つまり、無駄な場所や時間はないのである。もうここまで書いて気づいた方もいると思うが、それはほかのジャンル、プロレスでもそう。

私にとっては非日常の場所はとても大切だ。今回は競馬場でのことを書いたが、プロレス会場や野球場でも同様の楽しみがある。普段とは違う空間にいるからテンションが上がるのだろうか。いろいろ「開く」のであろうか。非日常の場所でこそいろいろ考えることもある。

そう思うと、2020年はやはり残酷な年だった。コロナ禍で非日常の場所へ行く機会が普段の年より減ってしまった。それはつまり、日常とは違う場所へ行くという楽しみだけでなく、自分にとって気づきの機会も奪われたということでもある。

年末に全日本プロレスの世界最強タッグ最終戦を観に行った。観客は全員マスク姿。試合が終わるたびにリングで除菌スプレーをまくセコンド陣。皆、切ないほどにちゃんとしている。非日常を楽しみに来た場所で日常が地続きであることを否応にも感じてしまった。いちいち日常を思い出してしまう悔しさ。特殊な年だったことをあらためてプロレスの会場で思い知った。

2021年は、「日常」と「非日常」の区別をもっと楽しめますように。

2021年ブレイク鉄板の
最強お笑いコンビ！
だからハイウェイに乗る前に!!

突然スタート! 第1回

ニューヨーク

嶋佐和也＆屋敷裕政

偉そうな意味じゃなく
全部おもろいと思って作ってるんで。
それが賞レース向きかどうかなんてのは
本当はあんま考えたくない。
勝つためのメソッドみたいなもんを探り出すと、
だいぶ修羅の道になってくるじゃないですか（笑）

収録日：2020年12月1日　撮影：当山礼子　聞き手：大井洋一　構成：井上崇宏

HOLY SHIT
HOLY SHIT

「次に売れるの、誰ですか？」と聞かれたとき、真っ先に「ニューヨーク」と答え続けて数年。

気がつけば「次、売れる」というよりも、もはや「いま売れてる」という存在に。

２０１９年Ｍ－１決勝進出、２０２０年『キングオブコント』準優勝で一気にメジャーになり、ビットコインのようにあれよあれよと値上がりしていく。

名実ともにスターになる前の、このギリギリのタイミングでインタビューして、なんとか関係性を作っておきたい！「俺、売れる前から知ってたんだからね！」と言えるように、いま捕まえておきました（大井）。

「賞レースの決勝に行ってないとテレビに出られへんちゃうかなっていう強迫観念があります」（屋敷）

――『Ｍ－１グランプリ』決勝が12月20日で、これ、締め切りがそれよりも1週間くらい前なんですよ。

屋敷　ああ、そういうタイミングですか。

――だけど、もう表紙に「ニューヨーク、Ｍ－１優勝おめでとう！」っていうコピーを入れちゃうかって話をしてて（笑）。

嶋佐　えっ、俺たちが表紙なんですか？

――あれ？　聞いてないですか？

屋敷　ありゃー、聞いてない！　売れてるなー！

嶋佐　それは本当に売れてるヤツが言う台詞だよ。だって前の表紙が甲本ヒロトさんでしょ？　ヒロトの次が俺らって、なんちゅう本なんだよ。

――２０２１年、ニューヨークは１００パーセント売れるだろうっていうことで（笑）。

屋敷　いやー、もう絶対に売れんと（笑）。「こうなることを読んでたんや、『ＫＡＭＩＮＯＧＥ』さんは」っていうふうになるように。これはもう俺らに張ってくれてますね。

嶋佐　完全に張ってくれてる。

――なので、まずは明日（12月2日）の準決勝を通過してくれないと（笑）。

嶋佐　緊張しちゃうな、明日（笑）。

屋敷　もし、明日の準決で落ちても、また敗者復活戦とかあるんでややこしいんですよね。いやー、もうストレートに行きたい！

――でもニューヨークって、賞レースに勝つ必要があるのかなって思っちゃうんですよね。賞レースで優勝したから売れるというタイプでもないんじゃないですか？

屋敷　でも、あきらかに去年（２０１９年）のＭ－１と今年（２０２０年）の『キングオブコント』で仕事は増えましたかく前の年とかは準決勝で落ちて、『キングオブコント』も2回戦で落ちたんで、俺も「あれ？　これは行けないタイプの芸人か？」みたいなちょっとあきらめムードに入っていたんですよ。たぶん、まわりの芸人とかよしもとの社員さんとかも俺らに対してちょっとそういう感じがあったと思いますね。そうしたら2019年で決勝に行けて、たぶんそのM－1の流れもあって、ずっと行けてなかった『キングオブコント』で準優勝して、ちょっと勢いが増したというか。それで今年はもうなんか、「絶対に大丈夫でしょ」っていうふうに言われるみたいな（笑）。

――やっぱりおもしろいことを認めてもらったというか、知ってもらえたというのが大きいんですかね。

屋敷　そうっスねー。なんて言うんやろ、笑いって……。「笑っていいんだよ」っていうか。

屋敷　ああ、そうそう。決勝まで行ったら一言一言、発する説得力が変わるんやなっていう。だから初めて呼ばれた番組で「初登場のニューヨークです！」とかも言われんままずっと番組が進んで行って、「えっ、これ、普通にしゃべり始めていいの？」みたいな。それまでは「キミら、誰なん？」から入ってたのが、『キングオブコント』で準優勝したら市民権を得て、ここにこうやって座っておっていじられもせん、みたいな。

らね。

嶋佐　まちがいなく状況が変わったんで、結局はめちゃめちゃ関係あったなって。

――じゃあ、自分たちでもそこに重きを置いている？

屋敷　いや、重きはずっと置いていたんですよ。

嶋佐　「決勝に行きたい」っていうのはありましたね。

屋敷　でもずっと行けなくて、2019年は「ちょっと重きを置かんとこ」っていう年にしたんですよ。そうしたら初めて行けて。

嶋佐　たまたまというか、やっとというか。結成10年目で、しかも歌ネタで行けて（笑）。だから今年も全然行きたいですよ。

屋敷　今年行けへんなら、すべて泡のようになくなるんじゃないかっていうくらい。

――という怖さがある？

屋敷　強迫観念があります。「賞レースの決勝に行ってないと、テレビに出られへんちゃうかな」っていう。ミキさんにもその話をしたら「いや、関係ないやろ」って言うてましたけど、それでも行けへんことが怖いっスね。

嶋佐　それこそ4、5年目くらいのときは「ニューヨークはすぐに決勝に行けるでしょ」「今年は行けるっしょ」って言ってもらっていて、でも全然行けなくて。だからM－1決勝に行

HOLY
SHIT

「かまいたちさんが『ネタ作って楽しむのなんか優勝してからやで』っておっしゃってて、『うわあ』ってなりましたね」(嶋佐)

──ちゃんとタレントになったという。

屋敷　まだまだ全然ですけど、「あっ、そうなんや」って思いましたね。だからチャンスがないとか、テレビに出られへん芸人は賞レースでがんばる価値あるなって、逆に決勝まで行ったことで思いました。

嶋佐　でも賞レースなんて運っスもんね。

──まあ、その日のコンディションとかもデカイですよね。ずっとM－1で優勝するためにネタを作り続けるコンビもいますけど、ニューヨークはそういうタイプじゃないですよね。とにかくおもしろいネタを作って、それが評価されたら行けるよねっていうやり方だと思うんですけど、やっぱりどうしても賞レースで勝つことも意識しちゃうんですね。

屋敷　意識しちゃうんですけど、逆に去年決勝に出たことで「優勝するためだけにネタを作るのはおもしろくないな」ってどっかで思っちゃいます。言い訳みたいになっちゃうんですけど。

嶋佐　でも、ずっと大井さんがいまおっしゃられたようなスタイルですよ。とりあえず単独ライブでおもしろいと思ったものをバーッと作って、そこから賞レースで何が行けそうかなっていうのを選ぶっていう。それのちょっと細かいところとかを直すとかですよね。

屋敷　ネタ作りの段階で、M－1のこととか『キングオブコント』のことをあまり考えたくないんですよね。本当は。

嶋佐　まあ、それで時間はかかりましたけど、そのやり方で決勝に行けたのはよかったですね。

屋敷　ただ、優勝するためにはもう1個なんか違うエキスを入れんと、もしかしたら厳しいんかなっていうのは、『キングオブコント』で準優勝して思いましたね。先輩とかに「2本目は優勝するネタじゃなかったな」って言われると、相当な闘いを経てきた人たちからすれば、やっぱ優勝するためのメソッドみたいなもんがあって。

──何かの要素が足りてないっていう。

屋敷　でも、その要素を探り出すと、だいぶ修羅の道になってくるじゃないですか(笑)。

──おもしろくてこういうネタをやってるっていうよりも、漫才競技とかコント競技を延々と突き詰める作業になっちゃう。

屋敷　まさにかまいたちさんともそんな話をしてたら、「いやいや、そりゃそうやろ」みたいな。「ネタ作って楽しむのなんか優勝してからやで」みたいな感じのことをおっしゃってたんで、「うわあ」って思いましたけどね。でも俺はしんどいっスよ、やっぱ。

嶋佐　霜降り（明星）とかもね。

屋敷　まあ、しんどいっス。

嶋佐　それはわかるけど、俺はその上で半分が運だと思ってますからね（笑）。だったら、その先はしんどすぎると思って。芸人人生で四六時中それをしてるっていうのは。

屋敷　「半分は運だろうが、100の努力をせなあかんのかな？」とか。それはちょっと性に合ってないなと思いますね。

——M－1も『キングオブコント』も、1本目、2本目でどっちのネタが先かっていう、そこも運の要素というか。

屋敷　そうですね。

——どっちを先にやるかってかなり勝敗を左右しますよね。そういうのは、ふたりで話していて意見が分かれることはあるんですか？

嶋佐　いままであまりないですね。

屋敷　俺らはどっちも我を通さないんで、そういうときはめちゃめちゃ人の意見を聞いたり相談するんですよ。ふたりともゴーを出さんのってたぶんあんまりよくないっていうか、相方が「うーん……」ってなってる段階で「もう、これはないかな」っていうのがありますね。

嶋佐　ただ、昔は俺らだけでお互いになんとなく「これだろうな」っていうのがあって、それをスーッとやってたんですけど、あまりにも行けなさすぎて……。

屋敷　ほかの芸人に「全然違うよ」「あれじゃないやろ」みたいに言われ出したんで（笑）。

嶋佐　ボクらふたりの中では合ってるんですけど、まわりが「なんであれをしたの？」って。そこで逆にこだわりとかもないから、最近はいろんな人にちゃんと聞いています。

屋敷　偉そうな意味じゃなく、「全部おもろい」と思って作ってるんで。だから、それが賞レース向きかどうかなんてのは、本当はあんま考えたくない作業というか。だから人の意見をめっちゃ聞くようになりましたね。

嶋佐　あとはしょうがない、コンプラ的なところとかは気をつけますね。

屋敷　下ネタがどうとか。

嶋佐　5年くらい前の『キングオブコント』で、単独で作ったときのを持って行って、オチ台詞が「セックスしてー！」っていうやつ（コント『成人式』）をやったんですよ。

屋敷　まんまやって（笑）。

嶋佐　「そのままでいいやろ」みたいな。いま思えば「絶対にダメだろ」っていう（笑）。あのオチ台詞を変えてたら行けてたかもって。

屋敷　うん、行けてた。

「今年はあきらかに大事っていうときに家におらなあかんかったんで、ちょっともどかしかった」（屋敷）

——そこの冷静な判断をいまはできるようになったんですね。

嶋佐 べつに尖ってたっていうわけじゃないんですけど、賞レースに対しての考えが甘かったというか。

屋敷 でも、ムズいですよね。「ネタを叩いて、仕上げる」ってよく言うじゃないですか？ それってカクカクのネタをマルに近づけていく作業じゃないですか。

——だんだん普通になってきちゃうんですよね。

屋敷 そうなんですよ。みんな綺麗なマルになっちゃうんで。

——俺が正直あまり好みじゃないのは、誰っていうわけじゃなく「凄い練習してるね」っていう感じのネタなんですよ。

屋敷 でも、やっぱ平均値っていうか「どの劇場、どの現場でやってもウケるのが賞レースでウケるネタやろ」ってなると、やっぱ「ここは削ろう、ここは足そう」でマルになっちゃうんで。それは去年思ったことで、だから今年は「なるべくカクカクしてたほうがええかな」とかって思うんですけど。

——去年のM－1で審査員の松本（人志）さんから言われた一言（「ツッコミが好みじゃない」）はショックでした？

屋敷 いや、ずっとショックっスよ！（笑）。ニューヨークで否定されるか、ニューヨークを褒められるかしか想定してなかったんで。俺だけ好みじゃないっていうのはマジで想定外だったんで、あれは本当に「最悪や！」って思いましたよ。

嶋佐 ビックリしましたね。

——まあでも、それでスポットがしっかり当たりましたよね。オズワルドが何を言われたか、パッといま思い出せないですから。

屋敷 でもオズワルドは〝細稲垣〟があるんで（笑）。

——あー、〝細稲垣〟だ（笑）。

嶋佐 でも、いま思えばというか、あの松本さんの一言があってよかったですよね。あれがなかったら、ただただ静かに、あっという間にビリで終わっただけなんで。

屋敷 10年目で初出場やったからそう思える。あれが3年目、5年目だったらシュンとなって終わってたと思うんですよ。

——口ごもって終わっていたでしょうね（笑）。

嶋佐 あの瞬間は「ヤバッ……」って思いましたけど、あとあと芸人さんからも「よかった」って言ってもらえて、番組とかでもあそこをひとつのトピックとして話を振ってくれたりしたんで。だから逆にあれに救われたというか、「あっ、そういうことか。松本さんはそういうことまで考えてたのかな？」って。

屋敷 いやいや、考えてないよ！ 絶対に考えてない！

嶋佐　本当に好みじゃなかったんだ（笑）。

屋敷　やっぱ俺は松本さんに「ありがとうございます!!」とは絶対に思わないです（笑）。

――昨年末にその経験を経て、今年（2020年）の『キングオブコント』で決勝まで進んで2位。やっぱ優勝したかったですよね？

屋敷　まあ、したかったですね。

嶋佐　1000万ほしかったです。まあでも、優勝がジャルジャルさんだからまだよかったというか。

屋敷　いやらしい話、ニュースターは現れてないという。

嶋佐　それで準優勝にしては凄く小忙しくさせてもらってるんで。ちょっと失礼な話ですけど、『『キングオブコント』準優勝でこんなに忙しくなるんだ」と。でも、それは1位がジャルジャルさんだからですよね。それこそ1位が空気階段とかだったら……。

屋敷　全部彼らに行ってたと思うな。ジャルジャルさんはもともとのスタンス的にもテレビにバンバン出る感じではないんで。

嶋佐　そこも運がよかったって思います。

――まあ、このコロナ禍で、ニューヨークがいちばんのびのびと活躍しているように見えるんですよ。

屋敷　そうっスかね？

嶋佐　でも世の中めちゃくちゃ大変じゃないですか。なのに言い方はまずいですけど、俺らは凄くいい年だったんで変な感じっスよ。本当に大井さんのおっしゃる通りで。

――コロナと相性がいいですよね。

嶋佐　なぜコロナと合ってるのっていう（笑）。

――みんなが「どうしよう……」ってなっていたときのフットワークが軽かった。

嶋佐　それこそYouTubeで配信したりとか。

屋敷　でも、それはもう全部まわりの人のおかげですよ。俺らはグイグイやっていくタイプじゃないんで。「週3で生配信をやろう」とかって奥田（泰＝構成作家）さんが言うてくれて、版画にしても今井（太郎＝構成作家）さんが「個展をやったほうがいいよ」って言うてくれたんで。

嶋佐　俺らがやってる仕事的に、劇場やテレビが1、2カ月なかった時期はありますけど、べつにストップはしなかったじゃないですか？　賞レースもお客さんを制限しながらも例年通りに開催されたし。

屋敷　だから俺らが普通の年にコロナになってたら、そのままおとなしくしてたかもしれないですけど、去年M－1の決勝に行けて「今年はあきらかに大事」っていうときに家におらなあかんかったんで、「なんかせな」っていう気持ちがあったのかもしれないですね。ちょっともどかしかったんで。

HOLY
SHIT

「中3のときに柔道の試合で米満達弘さんに5秒くらいで負けて、足の親指の爪も剥がれるし」（嶋佐）

――それとめちゃめちゃ売れてたわけじゃないから、みんなが声をかけやすかったのもあるかもしれない。

屋敷　あー、なるほど。それはありがたいですし、ほんまにタイミングっスね。まわりの人とタイミングっス。

――コロナのときにひたすら版画を彫って、ひたすらYouTubeを更新していたんですよね。

屋敷　毎日、家から配信してましたね。「自粛期間中にYouTubeを観てハマりました！」って声がだいぶ多かったんで、それは大きかったし、やっててよかったです。

嶋佐　YouTubeをやってなかったら、なんにもやれてなかったですね。たまたま1年ぐらい前から始めてたんで。

――芸人がYouTubeをやるときって、いわゆるユーチューバーがやるYouTubeっぽいことをやる人と、「俺たちは芸人だからクソおもしろいことをやろうよ」みたいなのと二極化する傾向がありますけど、ニューヨークの場合は、YouTubeをやろうっていうときに気持ち的にはどういう感じだったんですか？

屋敷　単純に「生配信のラジオを毎週やりたい」っていうのがいちばん大きくて、あとは単独ライブのVTRをどっかで流したいなっていうのでスタートしたんですよ。それならラジオをいっぱい聴いてもらいたいから、登録者数を上げるために毎日動画をアップしようっていう流れに奥田さんとかがしてくれて。そのときはべつにおもろいことをやろうっていうよりは、登録者数を増やしてラジオを聴いてくれる人を増やしたかったんですよね。だから嶋佐が米津玄師を歌ったり、（ビート）たけしさんのモノマネをしながらレモンを食べたり、タピオカを飲み比べたり、ちょっとYouTubeに寄せたこともやってたんですよ。そうしたら単純にそれが全部スベったんで（笑）。

嶋佐　「こんな伸びないんだ？」って思いましたね。

屋敷　「こんなんやったら喜ぶやろ」みたいなのを芸人がやるのはいちばんマズイというか、しかも売れてないんで（笑）。俺ら芸人が芸人っぽいことを、芸人で相席居酒屋に行くとか、もっと言えば芸人が芸人の売れてない話をするぐらいのほうが、バズりはしなくても着実に求められてる感じはあったっていうだけですね。

嶋佐　だから、いまは企画とかは作家さんチームに考えていただいてるんですけど、楽しい、おもしろいなっていう企画を無理なくやってる感じですね。

屋敷　あとはお客さんは全然笑わないけど、芸人が「おもしろい」って言ってくれてることをやってたら、あとあと結果がついてきたっていう感覚があったんで、「YouTubeもそうなったらええな」ってちょっと思いました。

嶋佐　ラジオも『オールナイトニッポン0』（ニッポン放送）とかMBS（『アッパレやってまーす！』）で1年ずつやらせてもらってたのがなくなっちゃったんで、そこからですよね。それで『オールナイトニッポン0』の奥田さんとチェ・ひろしが協力してくれて。

――じゃあ、当初は「どっちかな？」って思いながらやっていたと。

屋敷　でも追い込まれてはなかったです。勝手にやってることなので、のびのびとやってましたね。

嶋佐　時間とかもけっこうあったし。

屋敷　「全然バズらへんな〜」とかぶつぶつ文句は言ってましたけど、カジサックさんみたいに「登録者数100万人いかなかったらやめる」とか言ってるわけでもないんで、まあのびのびとやってた感覚ですよね。

――生い立ちとかも聞いていいですか？

屋敷　『KAMINOGE』っぽい経歴でいうと、ボクら空手をやってましたから。

嶋佐　どっちもブラックベルトですよ。鬼越トマホークよりも強いんで（笑）。

――ふたりとも黒帯。あと、嶋佐さんは中学のときに柔道の試合で米満達弘とやってるんですよね？

嶋佐　そうなんですよ。地元が一緒で。俺はK−1ブームのモロ直撃で、小学校6年から空手をやってたんですけど。

――極真？

嶋佐　極真ですね。K−1直撃でアンディ・フグ、マイク・ベルナルドとかサム・グレコがいたりとかして、友達に誘ってもらって空手の道場に通ってたんですけど、柔道部の大将が中学でいちばんのヤンキーだったんですよ。ヤンキーだけど柔道はちゃんと真面目にやってるみたいな。それで俺はヤンキーでもなんでもないですけど、ちょっと彼とは普通に話せる感じで。

屋敷　でも蹴られたりしてたんでしょ？（笑）。

嶋佐　ちょっとお笑い担当とかそんな感じで。それで俺が空手をやってるっていう理由だけで無理やり柔道部に入れられたというか。「団体戦に出れねえか？　人が足りねえから」って。それで3年生の頭に柔道部に入ったんですよ。

屋敷　ストレートパーマ柔道家ですよ（笑）。

嶋佐　それで3カ月練習して、夏にあった市の予選みたいなのでいきなり米満さんと当たって。こっちは柔道を始めて3カ月なのに（笑）。

――アハハハハ。米満戦が初試合だったんですか？

嶋佐　2試合目ですね。もう5秒くらいで負けて。一本背負いで投げられて受け身も取れなくて、足の親指の爪が剥がれるし。「うわっ！」って。

屋敷　最悪（笑）。

——5秒で爪を剥がされるって凄いな（笑）。

嶋佐　でも、いま思えばオリンピックの金メダリストと一戦を交えたっていうのはね。

屋敷　一生言えるよ。

嶋佐　米満さんは1ミリも憶えてないでしょうし、何百人も倒してきたなかで俺はいちばんの雑魚だったと思います（笑）。そのあと米満さんはレスリングに行きましたけど、中学のときは柔道の猛者で名を轟かせてましたね。

「ADになってみて『やっぱ芸人になりたいな。ほんまにやりたいことをやりたいかもしれん』って強く思っちゃいましたね」（屋敷）

屋敷　俺はおじいちゃんからずっと、じつは空手一家なんですよ。だからグレイシー一族みたいな写真が家に飾ってあって。

——一族の集合写真が（笑）。

嶋佐　本当に凄い写真があるんですよ。8人くらいが空手着を着て腕を組んでて（笑）。

屋敷　もともとはおじいちゃんが空手道場をやっていて、おじいちゃんの息子である俺の親父の兄弟もみんなそれぞれ違う道場でやってたんですよね。おじいちゃんも俺のお父さんも亡くなっていたんですけど、俺はお父さんの兄貴から空手を教わって、保育園くらいからずっと和道流っていう伝統派空手をやってましたね。

嶋佐　母親も凄いんですよ。

屋敷　母親は大人になってから空手を始めたんですけど、世界2位になってますね。

——えーっ！

屋敷　だから東京オリンピックも空手の仕事とかで行きたかったんですよ。普通に観たいですし（笑）。

嶋佐　もっと売れてオファーが来れば最高っスね。夢仕事っス。でも言うてもボクはそこまで強くないです。一生懸命にやってたのは中学の3年間くらいで、大人になってからも趣味でキックボクシングの宮城大樹くんのジムとかに行ってましたけど、そこももう辞めちゃいましたし。あとはプロレスも大好きで、それこそ俺は富士吉田市で武藤敬司選手と同郷なんで。いまもプロレス、格闘技はたまに観に行きますね。

屋敷　ほんまにいろんなお仕事の方とお会いさせてもらいますけど、格闘家がいちばん残酷でしんどいっスね。ニブイチで負けるんで、お笑いの賞レースとかの比じゃないというか、ほんまに大変な仕事やなって思いますね。

嶋佐　1回の重要度が、まあ、お笑いだったら賞レースは年1回ですけど、賞レース以外だったら山ほどあるじゃないですか。格闘家の一発一発のあれは凄いわ。毎日練習して。

屋敷　そんで盛り上がらんとかってのもありますもんね。めちゃくちゃしんどい思いをしてこの舞台に来て、必死にやってるのにあんま盛り上がらんみたいな。それはちょっとキツイやろうなって。

嶋佐　めちゃめちゃケガとかもするし、もう格闘家はマジでリスペクトっスよ。野球選手よりも全然稼げてないとかマジで納得できない。

——あと、おふたりとも大卒なんですよね。それで屋敷さんは最初、テレビの制作会社に入って。

屋敷　ADをやってましたね。母子家庭で私立大学に行かせてもらってたんで、ほんまは芸人やりたいなってちょっとは思ってましたけど、さすがにそれはないなっていう。それでもテレビが好きやったんで、大学1年のときからメディア学を専攻していて、マスコミというかテレビに行こうとはずっと思ってて。だからどっちかといえば、ADになってみて「やっぱ芸人になりたいな」って思った感じですね。

——現場に携わってみて、本当の気持ちに気づいたというか。

屋敷　高3のときとか、「大学受験で全部落ちたらNSCに行こうかな」とか冗談で言うてたんですけど、実際に社会に出てから「やっぱほんまにやりたいことをやりたいかもしれん」って強く思っちゃいましたね。

嶋佐　ボクはなんとなく原体験で小学校の3、4年生くらいのときにダウンタウンさんの『ごっつええ感じ』をリアルタイムのギリギリで観てて。そこからずっと心のどっかで「芸人になりたいな」っていうのがあったのかもしれないですけど、山梨の田舎だったんで。それとたまたま進学校に行けたんで、大学生になりたいのと、上京したいのと。童貞だったんで、田舎から抜け出したかったんですよ。

屋敷　それは俺もまったく一緒っスよ。

嶋佐　それで東京に行きたかったんですけど、指定校推薦でちょうど見合うところが神奈川大学しかなくて、「まあ、(神奈川でも)いっか」と思って。それでいざ大学生をやって、それなりに楽しんで。でも就職活動の時期になって、「普通の仕事に就きたくないな。まだまだ俺の人生、全然だな」って思っちゃったんですよね。

——ふざけ足りないと(笑)。

嶋佐　で、音楽が好きだったんでそっち系は受けて、「落ちたらNSCに行こう」みたいな。案の定、レコード会社とかめちゃめちゃ難しくて、ロッキング・オンとかも受けたんです

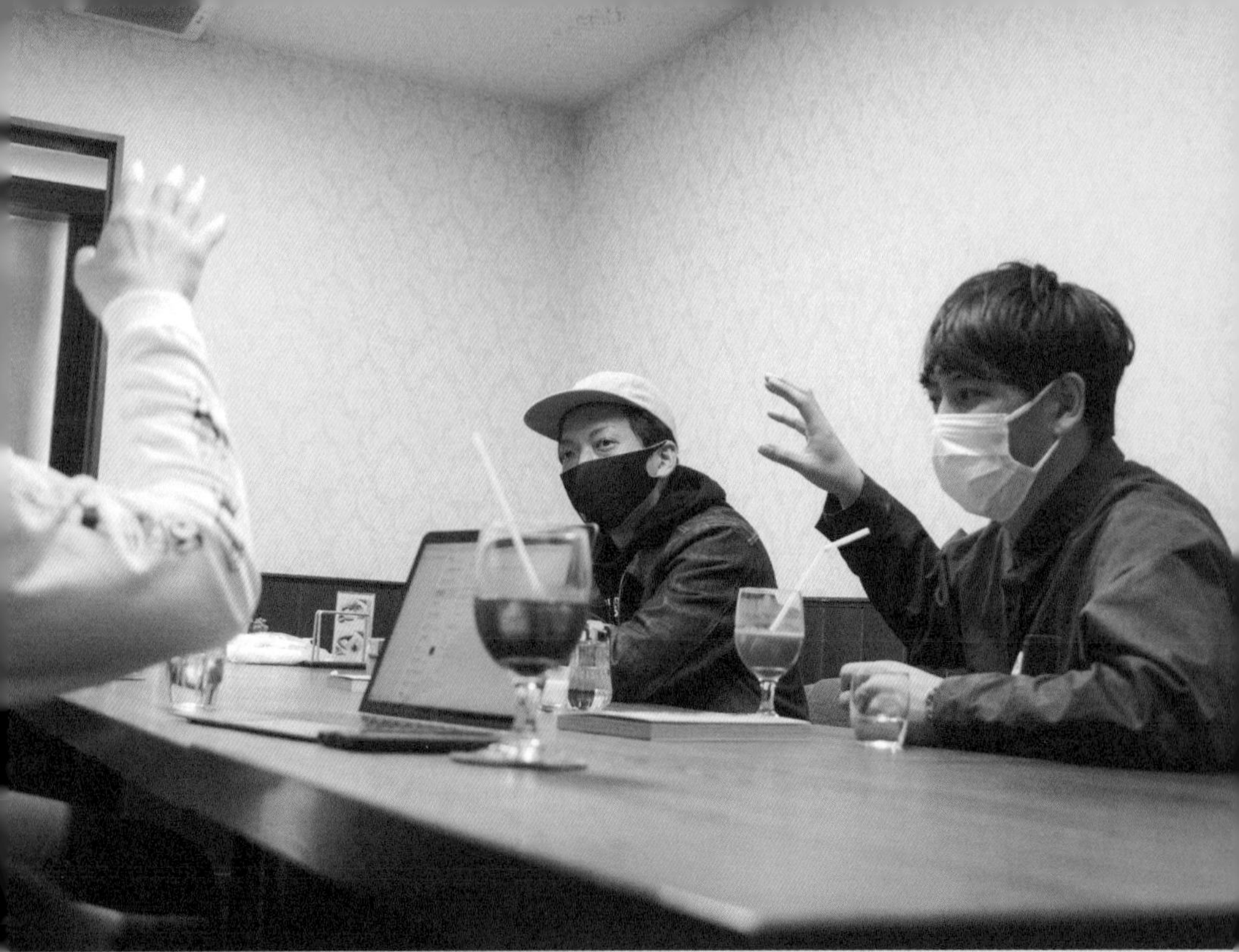

けど、ロッキング・オンだけエントリーシートが通って、あとはかすってもないですね。ロッキング・オンも筆記試験を受けてダメで、それで大学卒業と同時にNSCに入りました。

――そこでコンビを組んだんですね。

屋敷　そうっスね、NSCで。でも田舎から抜け出したかったっていうのは似てますね。「大学にさえ行けばなんとかなるんじゃないか」って。

――楽しい青春が待ってるんじゃないかと。

屋敷　そうです、そうです。なんかずっとくすぶってる感じだったんで。「ここは本番じゃない」みたいな。いま思ったら中学、高校とかも楽しかったですけどね。

嶋佐　もう進学校に入ってからの3年間は、大学に行くことしか考えてなかったですね。

屋敷　俺もそうっスね。

――ただ、はしゃぐ人たちをちょっとバカにする目線っていうのが、ニューヨークのネタとかにずっとある気がするんですけどね。

屋敷　でも、ふたりともテニスサークルですからね（笑）。ただ、「ヤンキーとかに物申したい」っていうのはちょっとありましたね。最初に『Ｄｒａｇｏｎ Ａｓｈ』っていうネタを作ったのもそうですけど、「納得いってないぞ！」っていうのはあったかもしれないですね。

「ちょっと変なことをしたらすぐに干されるような時代になっちゃいましたからね。でもYouTubeとライブはできますもん」（嶋佐）

――同期とか後輩で、自分たちよりも売れていく人が出てくるとやっぱり焦ります？

嶋佐　いや、焦りはしなかったっスね。同期のデニスとかマテンロウとはタイプが違ったし、いまは鬼越トマホークと一緒になることが多いですけど、やっぱタイプが違うんで。横澤夏子とかも。

屋敷　でも、２０１８年に1個下のハナコと霜降りがどっちも優勝したときは「あっ、まずいかも……」って思いましたね。何かの番組に呼ばれたときにいちばん後輩ってだいたい俺らやったんで、俺らよりも下が賞レースを獲る感じになってきたのはヤバイなって。

嶋佐　たしかに同期よりもそっちが来たときはちょっと思いましたね。

屋敷　あとは四千頭身とか宮下草薙とかの第七世代がバーッと売れ出したときに、「はいはい。俺らもあったあった、その時期」と思って見てたら、「あっ、ほんまに売れるパターンなん？」って（笑）。

――一過性かと思ってたら（笑）。

屋敷　本当に売れちゃったみたいな、集団で。

嶋佐　「めちゃイケみたいなのとかはないって聞いたよ」みたいな（笑）。

屋敷　束で売れることはないやろうなと思ってたんで、それはビックリしましたね。そんなんやったら俺らもなんか……。

――『バチバチエレキテる』（フジテレビ）で売れてたんじゃないかとか（笑）。

屋敷　ジグザグジギーさんとかウエストランドさんと一緒に束になってネクストブレイクみたいなときがあったんですよ。そのときに第七世代的な言葉を全然作ってくれんかったなって（笑）。だからあれはひっくり返りましたね。「あっ、こんなパターンがまだあったんや！」って。

――でも、いまはもう焦らないでしょ？

屋敷　むしろ「第七世代の悪口はないですか？」って打ち合わせでもよう言われるんで、おんぶに抱っこで。

嶋佐　持ちつ持たれつの感じでさせてもらってますけど。まあでも、うらやましいって言えばうらやましいですよね。

屋敷　まあ、大変やろうけどな。

嶋佐　言ってもみんな30代くらいか。でも、同じ座組みでいっぱいレギュラーがあるのはうらやましいな。ちょっと第七世代の番組が多すぎるよ（笑）。

屋敷　それでおもろなかったらいいんですけど、ちゃんと優勝とかしてるんで「人気だけやろ！」って言われへんことになっちゃってるんで（笑）。

――自分たちの目標ってなんですか？　いまだとM－1で優勝したいっていう近い目標はあるとして。

屋敷　安定してテレビに出つつ、普通に週2休みとかですかね。

――けっこう休むな（笑）。

屋敷　でも、ほんまちょっとずつテレビに出させてもらうようになって、こればっかりやったらちょっと飽きそうやなっていう雰囲気が……偉そうやけど感じますね。だから「単独ライブとかやっとかないと刺激がないんかもな」って最近思うようになりました。

嶋佐　いろいろやりたいですね。なんでもいろんな仕事を、テレビでもＹｏｕＴｕｂｅでも。単独も来年（２０２１年）やれたらもちろんいいし。

屋敷　「ネタができたほうがええな」って思うようになりましたね。テレビに出るようになってからちょっとだけ。

嶋佐　これからオンラインサロンをやるんですけど、それもやりながら。まあ、レギュラー番組とかはちょっとね。１、２本くらいとかあると。

――それでもテレビで売れたいっていう気持ちはある？

屋敷　ありますね。やっぱベタに、ボクらは古い芸人なんで

（笑）。「自分たちのＹｏｕＴｕｂｅを第一に」って思うヤツの気持ちもわからんでもなくて、どれだけネタに愛情があって、おもろいことをやってるつもりでも、テレビって終わっちゃうじゃないですか？　ＹｏｕＴｕｂｅにはそれがないっていうのはええなと思ってるんですけど、そんなことは冠（番組）を持ってから言わなあかんと思うんで（笑）。とりあえず、ちゃんとその景色を見ておかんとなって思いますね。

嶋佐　べつになんでも楽しいんで。ベタに海外ロケとか行きたいな。

――楽しい海外ロケに（笑）。

嶋佐　海外ロケは行きたい。まあでも、いろんな仕事をさせてもらいたいですね。それこそ、こないだのＲＩＳＥで那須川天心選手と試合直前に「このあと始まります！」みたいな、あんなのうれしかったですけどね。仕事で試合まで観れて。

屋敷　だからちょっと仕事の幅が広がったというか。

――それに伴って収入も安定してくる？

屋敷　いや、「安定」っていう言葉はわからんっスね。テレビのレギュラーが何本あろうが、全部終わる可能性があるじゃないですか？　ＹｏｕＴｕｂｅとかは安定って感じがしますけど、ただ、「ちゃんとお客さんを掴んでおかんとな」ってのは思います。単独をやったら毎回売れて、ＹｏｕＴｕｂｅも観てくれてっていうのがいちばん、このようわからん世界で「安定」って言ってもいい感じがするんで。

嶋佐　ちょっと変なことをしたらすぐに干されるような時代になっちゃいましたからね。テレビなんかは特に。

屋敷　だからラジオとかがおもろいとか、ネタがおもろいっていうのをちゃんと発信しておかんとあかんような気がします。

――なるほど。

嶋佐　たしかにテレビで干されてもＹｏｕＴｕｂｅとライブはできますもんね。そこもやっておかないとなって。べつに将来、何か悪いことをするわけじゃないですけど（笑）。

屋敷　不倫しようが何しようが、1万人のファンがいたら一生食っていけるじゃないですか。そういう時代になるんやろうなって思っちゃいますね。

「芸人って文句ばっか言ってるじゃないですか？それやと芸人の未来につながっていかんのとちゃうかなって」（屋敷）

――ニューヨークのライブって、お客さんがシュッとしていますよね。

嶋佐　ああ、本当ですね。

――格闘技の会場とかにはないお上品さですよ（笑）。おもしろくて、いいものを観に来てるっていう。

屋敷　「バカにされてんのかな?」とも思いますけどね。版画の個展とかも俺らよりもカッコいいめちゃくちゃシュッとした男が彼女を連れて来てるんですけど、「それ、なんなん?どういうこと?　バカにしてんの?」みたいな（笑）。凄いイケてる、オシャレな人たちが。

嶋佐　だいたいカッコいい、遊んでそうなヤツなんですよ。アパレル系っぽいのとか。

屋敷　めちゃくちゃモテそうなサラリーマンが俺らに寄ってくるとか、不思議ですよ。若いキャーキャーの女の子が少ないっていうのもありますね。

嶋佐　たしかに。

屋敷　だから笑い声が、いい意味でも悪い意味でもいいというか（笑）。「キャー!」みたいなのはないっス。いろんな人に観てもらいたいですけどね。お笑いを知らん人とかにも。

――アンテナを張ってる人がちゃんと観てるっていう客層というのは、凄くいいなと思いますけどね。

嶋佐　うれしいですけど、アホみたいなギャルとかにも「好きー!」って言ってほしいですよ（笑）。中高生とかにもいっぱい知ってほしいですし。いまは言うてもユーチューバーとかに押されてますから。

屋敷　あとは芸人とかを見て「モテそうやな」「カッコええな」って若いコに思ってもらえるようにしておかんと。芸人って文句ばっか言ってるじゃないですか?「よしもとにカネ取られる!」とか、おもろいから言うんですけど。でも、それやと芸人の未来につながっていかんのとちゃうかなって。

嶋佐　冷静に考えたら、なんで芸人になりたいかってやっぱそうでしょ。松本さんとかカリスマ性があったし、絶対に稼いでる感じもしたし。

屋敷　昔、長者番付ってあったじゃないですか?　あれで今田（耕司）さんがだいぶ上のほうにいて、めっちゃ芸人っていう職業を意識したのを憶えてますよ。小学生くらいのときに「あっ、今田耕司でこんな稼げるんや!?」って思ったんですよ。

嶋佐　しかもモテるイメージとかもあるし。だけどいまは「そんなことないっスよー。モテないっスよー」みたいな。そんなの見てたら芸人に全然なりたくねーって思うじゃないですか。そりゃユーチューバーのほうがいいですよ。ユーチューバーはいまそれをやってるじゃないですか。

屋敷　「楽しいぜー、俺たちは!」ってね。

嶋佐　「クルマ買ったぜ!　モテるぜ!」って。

――昔の芸能人もそこを隠さなかったですもんね。

嶋佐　それをちっちゃいときや学生時代に見てたら、「ユーチューバーになりたい」って思うよね。だからそれをやらん

となって、いま思いましたよ。「カネあるぜ、モテるぜ」っていうのをちょっとこのタイミングで体現したいなって。
——でも実際、モテるようになったでしょ?
屋敷　モテるとかはないですね。コロナだからそんな遊びに行ってないっていうのもあるんですけど。
嶋佐　準優勝したらもうちょい来るなと思ったんですけどね。DM的なものが。開放してるのに全然来ない。ひとり、ふたりくらいわけのわからないグラビアアイドルとかから来るかと思ったら、芸能関係はゼロだなって。厳しいわ。それくらい芸人ってもう地に堕ちたんだなって(笑)。
——やっぱりニューヨークにDMを送ったら、すぐにYouTubeとかで言われそうだし(笑)。
屋敷　いや、それもラジオとかで「言わん」って言うんでてるんですけどね。「俺らは口が固いよ」って(笑)。
嶋佐　とにかく、そんなことよりいまは明日の準決で残らないと(笑)。
——そして決勝で活躍をして、それからバンバンDMをもらってください!(笑)。
屋敷　ほんまにがんばってきますわ。

ニューヨーク（吉本興業所属）
嶋佐和也（しまさ・かずや）
1986年5月14日生まれ、山梨県富士吉田市出身。
屋敷裕政（やしき・ひろまさ）
1986年3月1日生まれ、三重県熊野市出身。

NSC東京校の15期生として出会い、2010年にコンビ結成。漫才、コントを行ない、毒のあるシニカルな芸風が身上。2015年に『マイナビLaughter Night』グランドチャンピオンになる。ニッポン放送『ニューヨークのオールナイトニッポン0』（2016年3月～2017年3月）、フジテレビ『バチバチエレキテる』（2013年4月～9月）などの出演を経て、2019年1月に開設した公式YouTubeチャンネルで人気を博すと、『M-1グランプリ2019』で決勝進出を果たす（第10位）。2020年も『街ブラ-1グランプリ』優勝、『キングオブコント2020』準優勝。いまもっとも勢いのあるコンビである。

大井洋一（おおい・よういち）
1977年8月4日生まれ、
東京都世田谷区出身。放送作家。
『はねるのトびら』『SMAP × SMAP』『リンカーン』『クイズ☆タレント名鑑』『やりすぎコージー』『笑っていいとも!』『水曜日のダウンタウン』などの構成に参加。作家を志望する前にプロキックボクサーとして活動していた経験を活かし、2012年5月13日、前田日明が主宰するアマチュア格闘技大会『THE OUTSIDER 第21戦』でMMAデビュー。2018年9月2日、『THE OUTSIDER第52戦』ではTHE OUTSIDER55-60kg級王者となる。

HOLY
SHIT

バッファロー吾郎Aの
きむコロ列伝!!
Buffalo GoroA

第109回 私がオススメしたい入場曲(格闘家バージョン)

バッファロー吾郎A

バッファロー吾郎A/本名・木村明浩(きむら・あきひろ)1970年11月24日生まれ/お笑いコンビ『バッファロー吾郎』のツッコミ担当/2008年『キング・オブ・コント』優勝

私の好きな入場曲(格闘家限定)で打線を組んでみた(敬称略)。

1(中) 那須川天心
2(右) ミノワマン
3(遊) 井上直樹
4(一) 桜庭和志
5(三) 桜井〝マッハ〟速人
6(左) 扇久保博正
7(二) 石渡伸太郎
8(捕) クロン・グレイシー
9(投) クイントン・〝ランペイジ〟・ジャクソン

最近、私のヘビーローテーションは井上直樹選手の入場曲『The Phoenix』。インストバージョンもあるが、歌アリのほうがテンションが上がる。四番ファーストはやはり桜庭選手の『SPEED TK RE-MIX』。バラエティ番組などでかかっていても思わずテンションが上がってしまう。石渡選手の入場曲である『SUPERSTAR』は出だしの合体ロボが発進する感じがたまらない。エースをランペイジ選手にしたのは、『UFC 144』日本大会で『PRIDEのテーマ』で入場してきた際、さいたまスーパーアリーナのテンションが一気に上がり、テレビで観ていた私も鳥肌が立ってしまったからだ。『PRIDEのテーマ』は格闘史に残る名曲だ。

今回紹介するのは『まだ入場曲が決まっていない格闘家がいたらオススメしたい曲』。何曲かピックアップしてみたが、すでに使用している格闘家やプロレスラーの方がいたらごめんなさい。

『今がその時だ』水木一郎

アニメ『真(チェンジ!!)ゲッターロボ 世界最後の日』のOP曲。最初の「命を燃やせ怒りを燃やせ今がその時だ」という歌詞が闘いに相応しく、壮大な曲調も大会場で流れればテンションが上がること間違いなしの名曲。

『Golden Rule～君はまだ負けてない！～』水木一郎
高見沢俊彦さんのロックな曲を水木一郎さんが歌う。もし試合中ピンチに追い込まれたら、君だけのルールを信じて真っ直ぐ走れ！Standup！Wakeup！目を覚ませ！君はまだ負けてない！というサビの歌詞を思い出してほしい。

『ガンバスター・マーチ』田中公平
私がいちばん好きなロボットアニメ『トップをねらえ！』という作品で、ガンバスターという巨大ロボットが登場するときのBGM。登場シーンを見てもらうとわかってもらえるが、地下からせり上がって入場するときにいちばんオススメしたい曲。

『Rocks』プライマル・スクリーム
Netflix限定ドラマ『全裸監督』でハマってしまった曲。洋楽に疎い私は映画やドラマでハマってしまう。ノリがよくてカッコいい。

『The Joker–Believer』
映画『ジョーカー』の挿入曲。この映画の曲は全部シブい。観ているととてもせつなくなる映画だが、リングでの孤独感と重なる気がする。

『ココロかよわせて』ザ・ホームシック
映画『東京ゾンビ』のEDで流れるカッコいいロック。花くまゆうさくさんの漫画が原作なので、ぜひ柔術ベースの選手に使っていただきたい（映画も柔術が重要なキーになっていておもしろい）。

『Mr．B．D．』後藤達俊入場曲
この入場曲が好きなプロレスファンは多い。おじさんプロレスファンは格闘技興行でプロレスの入場曲が流れるとついテンションが上がってしまう。この名曲が大会場で流れる機会がほとんどなくなってしまったので誰か使ってほしい。

『まつり』北島三郎
大晦日といえばこの歌しかない。過去に煽りVなどで流れたかもしれないが、名曲は何度聴いてもいいモノなので、ぜひ大晦日の格闘技興行で聞きたい。天心選手のセコンドがタオルを掲げて入場するのに対抗して団扇で仰ぎながら入場とかどうだろうか？

『望郷じょんから』細川たかし
細川たかしさんが歌う名曲。青森から上京してがんばっている選手に使ってほしい。

『K．U．N．F．U』ハイパーヨーヨ
ガールズ・ヒップホップ・デュオ、ハイパーヨーヨが歌うカンフーテイストな曲。考えるな！感じろ！立ち技系の女性格闘家にピッタリな気がする。

『RIZIN 25』での白川陸斗選手の入場曲がカッコよかったのだが、調べても曲名が出てこない。映画『仁義なき戦い』のテーマをアレンジしたような曲調だったのだが、なんていう曲だろう？

一生続くロマンチック！
人生は己の存在を肯定しまくったもん勝ちや !!

“ 宮本武蔵と会いました ”

前田日明

「自分のことは好きとか嫌いというよりも、
うまく付き合っていくしかしょうがないじゃん。
騙し騙しでも付き合っていこうって
達観しているくらいだよ。
昔は自問自答とかしていたけどさ、
いくら注意してもやることはやっちゃうんですよ」

収録日：2020 年 12 月 5 日　撮影：タイコウクニヨシ　聞き手：井上崇宏

「ナルシズムがないとスタートラインには立てないんだよ。ただの浮き草になって流されちゃう」

――ボクが知るかぎり、前田さんがいちばん自己肯定感が高い人なのかなと思うんですけど。

前田　えっ、俺、自己肯定感が高い？　そうでもないけどな。

――言い訳と言ったら言葉は悪いですけど、自分を肯定する言葉だったり思考だったりを持っている人がいちばん強いし、いちばん幸せなんじゃないかと。

前田　それはね、ナルシズムですよ。自己愛っていうのは一生続くロマンチックの始まりなんだよね。それがないと何もできないし、いくら他人のことを知ったところでどうにもならないからさ。「で、自分はどうするの？」って話でさ。

――永ちゃん（矢沢永吉）なんかはナルシズムの塊じゃないですか。

前田　あの人は塊だよね。たぶん、永ちゃんも最初は自分以外の何かを演じていたんだよ。それがいつの間にかガン細胞のように侵食されて、どっちが自分が作ったモデルで、どっちが自分自身かがわからなくなって、そのうちガチッとひとつにはまっちゃったんだろうね。そんな感じがする。永ちゃんの過去のインタビュー集なんかを読んでいると、キャロルの頃はナポレオン・ヒルが書いた『巨富を築く13の条件』っていう本の影響が強く感じられるんだよね。俺もたまたまそれを読んでたんだけど、永ちゃんも読んでたかと思って。あの頃って自己啓発ものというか、そういうジャンルの本ってそのナポレオン・ヒルのやつと、ココ・シャネルの自伝とかカーネギーの『人を動かす』くらいでほとんどなかったんだよね。たぶん、永ちゃんは全部読んでた。だからね、何をやるにしても出発点ってあるじゃん。そのスタートラインっていうところにはナルシズムがないと立てないんだよ。

――ああ、思い込みも含めて「俺ならやれる」っていう。

前田　そう。じゃないと、ただの浮き草になっちゃって、流れがあるほうに流されちゃってわけがわかんなくなるんだよ。それで「どこに芽を出すの？」っていう。スタートラインとか、基礎っていう部分にはかならずナルシズムが出るんだよ。

――前田さん自身もそうじゃないですか？　最初は「前田日明」を演じよう、なりきろうっていう期間を経て、やがてどれが本当の自分なのかわからなくなったっていうか。

前田　まあ、そうかもね。それで、わけがわからなくなった時点では「もうどうでもいいや」ってなってるからね。

――ああ、なるほど。どうでもよくなるんですね（笑）。

前田　どうでもよくなるよ。めんどくさいし、考え出すときりがないからね。

——前田さんはよく「徹底的にフィジカルを鍛えておけば、試合でどんな状況になっても身体がオートマチックに動いてくれる」っておっしゃっていますけど、それと似てますよね。

前田 そうそう。身体が無意識に動くようになるのと同じように、思考も無意識に動くんだよね。

——だから「どっちでもええわ」ってなると。

前田 それとね、じつは俺は文学ってあまり読まないんだよ。おもしろくないから。よく読むのは実際にあったドキュメンタリーとか、ある人間の評伝とかそういうのなんだよね。それで「カリスマ」と呼ばれる人たちには一定のルールがあってさ、カリスマって他者と付き合ううえでかならずやっていることがあるんだよ。それは何かと言うと「秘密の共有」なんだよね。

——秘密の共有。

前田 たとえば「井上くん、じつは俺、離婚したんだよね」みたいなさ。そういう近くにいる人じゃないと知りえないような秘密を共有することによってだんだんと距離が近づいて、お互いの絆が強くなるという。どの時代の、どの世代の、どんな人種も、どんな性別でもみんな同じことをやってるよ。秘密の共有によって人脈を構築していくっていう。それは男女間でもそう。

——「この人は自分にこんなことを教えてくれたんだ」と。

前田 そうそう。「自分にだけ話してくれた。ここまで信用されているなら私も信用しよう」っていうね。一時期のアントニオ猪木が凄かったのは「おまえにだけは俺の秘密を教えよう」って言いながら、じつは一枚もストリップしていなかったことだよ（笑）。猪木さんは究極のストリッパーだよね。

——脱がずして人を興奮させる（笑）。

前田 一枚も脱いでいなかったっていうね。そこは猪木さんは凄かったよ。でもいまになって考えると、本人は無意識でやっていて、そのときの本人の中では事実であり本音だったんだよ。ただ本人にはどうでもよくても、相手には「エライことを教えてくれた」と思わせるのがテクニックかもね。

——テクニックではなく。

前田 そうやってる時点ではね。でも長いスパンで見たら、けっこうどうでもいい話をしてくれただけだったんだよ（笑）。

——猪木さん自身も言ったことを忘れてるし（笑）。

前田 「そんなこと言ったっけ？」ってね。この頃は「猪木さん。あのとき、あれはどうでしたっけ？」って聞いても「いやー、そんなことは憶えてないな」ってすぐ記憶のせいにするんだよ。

「死ぬっていう状況がいまいち理解できないんだよね。死んだ瞬間にバーンと真っ暗になって、何も考えられなくなっちゃうのかね？」

——でも本当に憶えていないんじゃないですか？

前田　昔はとぼけていただけで、都合が悪くなったら「憶えてない」だから。ロッキード事件の小佐野賢治の証人喚問の応用だよ。「記憶にございません」って（笑）。

――前田さんはご自身のことは好きですか？

前田　自分のことはまあまあ、好きとか嫌いというよりも、うまく付き合っていくしかしょうがないじゃん。

――自分と付き合っていく（笑）。

前田　もうしょうがないじゃん（笑）。「騙し騙しでも付き合っていこう」って達観しているくらいだよ。「ああでもない」「こうでもない」「何ができたんだ？」「何をしてるんだ？」って昔は自問自答とかしていたけどさ、いくら注意してもやることはやっちゃうんですよ。

――アハハハハ！　ちょっと待ってください、何をおっしゃってます？（笑）。

前田　なんか性分というか、魂のカラーみたいなものを感じてるんだよね。難しく言うと「カルマ」（業）ですよ。カルマに引きずられて、わかっちゃいるけどやめられないってことが無意識のうちにあって、俺の場合はそれなんだよね。そこにハマっちゃって一喜一憂しているんだよ。

――自分に対して「またやっちゃったか……」と。

前田　「あーあ、またやったんか。バカみたいに何回繰り返してんだよ……」ってさ。それでまわりからも「またあなたは……」「おまえはアホだな」って言われたりさ。自分でも「そうなんだよなー」って思うし、ちゃんと気をつけているんだけど、なぜかやっちゃうんだよね。これはまさに仏教で言うところのカルマだな。もうしょうがないんだよ。

――ああ、やっぱり自己肯定感が強いですね（笑）。

前田　そうやってやっちゃうんだけど、まあ死ぬこともないし。

――思想が無敵やん（笑）。

前田　「まあ、なんとかなるでしょう」って大きくかまえるしかないよね。

――じゃあ、「自分」という器みたいなものを操縦しているような感覚ですか？

前田　その感覚は昔からずっとあるよ。

――あっ、昔から。まあ操縦をしていて、しばしば誤作動も起こしていらっしゃるようですけど……（笑）。

前田　そうそう、バグっちゃうんだよ。「あーあ……」みたいな。さっき言ったさ、「秘密の共有」っていうのが昔はよくわかんなくて「なんで俺は初対面の人にベラベラとなんでもしゃべっちゃうんだろ……？」と思っていたんだよ。それでふと気づいたら「えっ、この人はなんでこんな近くにいるの？」ってなるんだよね。俺はその意味がわからなくて、それが歳を取ってきていろんな本を読んだりしているうちに「あっ、そうなんか！」と。秘密の共有っていうのは心理学的にも人との関係で大事なことだっていうのがわかったんだよね。それで「自分はどうしても無意識に秘密の共有をしちゃうんだろう?」ってことを突き詰めて考えると、最初は「自分の弱さからかな」とも思ったんだけど違うんだよね。それもカルマだよ、カルマ。わかっちゃいるけどやめられない、その人と何かのつながりがあって知らず知らずのうちにやってるんだよ。

——カリスマを生むのはカルマ(笑)。たしかに前田さんって、なんでも話して教えてくれますよね。「信用されてるなー」っていつも思っちゃいます(笑)。

前田 フフフフフ。カルマだよ、カルマ。

——ってことは、自分自身のことが好きでも嫌いでもないって感じですか?

前田 好きでも嫌いでもないというか、死ぬまでは「前田日明」をやるしかないからね。「これ、最後はどうなるんかな?」と思うね。

——行く末が気になる。

前田 まるで凄くスケールの大きな長い長編小説を読んでいるみたいでさ。「最後はどうなるんかな?」って。もうわけわかんないよね。「トゥー・ビー・コンティニュー」ってなるのかなとか。「死ぬ瞬間に次の何かがあるのかな?」「死んだなと思った瞬間に目を開けたら、オギャーオギャーって泣いていて、どっかで赤ん坊になってるのかな?」とかさ。「死ぬ」っていう状況がいまいち理解できないんだよね。死んだ瞬間にバーンと真っ暗になって、何も考えられなくなって終わっちゃうのかね?

——ちょっと隙間で何かがあるような気がしますけどね。

前田 そうだよね。ないと嫌だよねえ。

「前世療法を受けてみてビックリしたのがね、俺の前世は戦争で坂井三郎さんと同僚だったんだよ」

——ちょっとだけ自分で人生を総括する時間がほしいですよね(笑)。

前田 そうそう(笑)。ウチの長男がね、言葉をしゃべり始めてから間もない頃に、お母さんから怒られたことがあって。そのときに何を言うかと思ったら「ママはなんでボクをそんなに叱るの? ボクはママから生まれてきたんだよ?」って。

——しゃべり始めの頃に。

前田 「えっ、それ、憶えてんの?」って俺が聞いたら「憶えてる」って言うんだよね。それでウチのチビって妊娠5カ月くらいのときに3D写真を撮ったら、ずっと右手を挙げている体勢で腹の中にいたんだよね。それで冗談半分で「どんな形でお腹の中に入っていたの?」って聞いたらさ、「ボクね、こうやって手を挙げていたんだよ」って右手を挙げたんだよね。憶えてたんだよ。

——へえー!

前田　もうビックリしてさ。どうやら子どもって3、4歳くらいまではお腹の中にいた記憶があるみたいなんだよね。だから、いまはもう憶えていないみたいだけど。だから「お腹の中の記憶があるってことは、逆に死んだあとの記憶もあるんじゃないか？」って。生まれ変わりの本とかを読むと、どっかお空の上にいて「あのママのところに生まれたいな」と思って、子どもが親を選んで生まれてくるみたいな。俺は昔、「前世療法」の本を読んだんだよね。

——前世療法ってなんですか？

前田　パニック障害とかいろんな心理的な障害を、医学的に治療をしようとしても全然治らない人がいると。その人に「退行催眠」をするんだよ。要するに「いま15歳です、10歳です、7歳です、5歳です、3歳です、2歳です、赤ん坊です、いま生まれました、いま生まれる前です」って前世まで戻っていくんだよ。そうしたら「前世ではこうやって死にました。だから身体にひどい障害があって、リハビリをやってもなかなか治らないんです」みたいなさ。生まれつき肩の悪い子どもが前世のときに戦争で肩を斬られたとかね、凄く水が怖くてどうやっても克服できずに泳ぐことができない子どもが前世で溺れ死んでたとか、そういうのがあって。それをうまくカウンセリングして取り除いてやると、現世であった障害がパッと取れて治っちゃったりするんだよね。

——前世のトラウマを克服すると。

前田　それをやると、もうウソみたいに治っちゃうんだって。それが前世療法っていうやつで、俺はそれ関連の本を読んだときに「日本でもこの治療法をやっているところはないのかな？」と思って探したんだよね。そうしたらホリスティックワークっていうところが恵比寿にあって、そこで前世療法をやっているというのがわかってさ、俺、そこに行ったんだよね。

——ということは、自分の中に何か不完全さを感じていたんですか？

前田　いや、単純に前世がなんだったのかなと思ってね。

——ああ、前世を知りたくて。

前田　それで前世療法を受けてみてビックリしたのがね、俺の前世は戦争で坂井（三郎）さんと同僚だったんだよ。

——えー！

前田　坂井さんが撃たれて帰ってきたときに、俺がゼロ戦の中から助け出したんだよね。「これはエライことになったな！」とかってしゃべってて、最後はフィリピンで特攻の援護で飛んで行って、戻ってきて自分が乗っていたゼロ戦をその基地から出る特攻隊員に渡して輸送機で移動中に撃たれて死んだんだよね。そういう前世があって、さらにその前はイギリスにいて、またさらにその前は……ってどんどんさかのぼっていってさ。

——今世でもイギリス遠征に行ってますからね。

前田　そのときは前世の前世までさかのぼったんだよね。それから興味を持って、たまたま2ちゃんねるを見てたら、幽体離脱マニアのスレッドみたいなのがあったから「幽体離脱マニア？　コイツら頭おかしいな」と思ってさ。

——まあまあ、同類ですよ（笑）。

前田　でも読んでいったら、あながちウソとも言えないんだよね。それでいろいろ読んでたら、オカルト研究で有名なモンロー研究所が作ったヘミシンクというシステムの「ゲートウェイ」っていう幽体離脱をするために使う音響機器があるんだよ。それで何をやるかと言うと、右の耳と左の耳で聴こえる音にヘルツの違いをつけるんですよ。その違いというのは、ちょうどチベット密教の高僧だとかヨガ行者とかが深い瞑想によって神秘体験するときに出ている脳波の周波数くらいの差。その音を左右の耳で聴かせていると、脳波が同調していってその周波数となり、その結果、幽体離脱ができるっていうのがあって。

「幽体離脱をして霊巌洞に行ったら宮本武蔵がいたんだよ。まさに『五輪書』を書いていた」

——ゲートウェイって、前にも前田さんから聞いた気がしますけど、もう一度お願いします。

前田　それまではビートルズもおこなっていたTM（トランセンデンタル・メディテーション）というマハリシ・マヘーシュ・ヨーギーっていう人が教えていた超越瞑想っていうのがあるんだけど、俺はニールセン戦の直前くらいからそれをやってたんだよ。それはそれでよかったんだけど、それからゲートウェイの幽体離脱っていうのがあるのを知って、そのセットが7万6000円するんだけど買って、「さあ、幽体離脱するぞ！」と思ったら全然しないんだよ。10年くらい前の話だよ。

——それってCDですか？

前田　CD。CDに音と行程を案内するナレーションみたいなのが入ってて、それをヘッドフォンをつけて聴いていくんだけど、「幽体離脱しねえじゃねえか！　なんだこれは！」と思っていたら、おもしろいことに「ゲートウェイを買って聴いたけど幽体離脱ができなかった人たちが、どうやったら幽体離脱できるようになるのか？」っていうのを解説している本がいっぱい出てるんだよね。

——『幽体離脱できなかったキミへ』みたいな（笑）。

前田　そうそう（笑）。それを何冊か買って読んでいたら、いろんな人がいろんな方法をやってるんだけど、その中にあるひとつのやり方があって。俺はたまに凄い瞑想をして、そのあと「さあ、寝るか」って部屋の電気を消して目をつぶるじゃん。で、目はつぶってるのに部屋の中がバッチリ見えているときがあるんだよね。それで本にも「そういう人はこういう方法で

できます」っていうのが書いてあったからやってみたんだよ。そうしたらね、幽体離脱かどうかはわからないんだけど、ぶわーっと凄い昔の前世まで行ったんだよね。

――意識が？

前田　意識が。それで結局、最後は古代中国ではふたつの前世で、ひとつは「スブタイ」と呼ばれる軍人で、その前は「パイチー」と呼ばれる軍人、もっと昔まで行って、メソポタミアとかあっちのほうまで。その前はなんか知らんけどヒマラヤにいて、そこで大変なことが起きてわけわからなくなったっていうのがあったり。何回目かの体外旅行のときはいろんな人に会いたいと思って、俺、宮本武蔵に会いに行ったんだよね。

――途中で？（笑）。

前田　途中で。宮本武蔵に会いに行ったんだよ。

――前田さん、ちょっとごめんなさい……。

前田　「頭、大丈夫？」みたいな？（笑）。

――大丈夫ですか？（笑）。

前田　大丈夫だよ。それで霊厳洞に行ったら宮本武蔵がいたんだよ。

――ええっ！　宮本武蔵、何をやってました？

前田　まさに『五輪書』を書いていたんだよ。俺は霊厳洞に行ったことがあったからさ、「あっ、ここ、霊厳洞じゃん！」と思って「ということは、この人は宮本武蔵なんか？」って。

――そうしたら、ちょうど『五輪書』を書いていたと（笑）。

前田　ちょうど書いてて（笑）。おもしろいよね。夢なのか現実なのかわからないけど。

――それはめちゃくちゃおもしろいですよっ！　前田さん、これはやっぱり人間関係の折り合いはつかないですね。人がしていない体験ばっかして、人が言わないことばっか言ってるじゃないですか（笑）。

前田　いや、だからね、興味がある人はぜひゲートウェイをやってみてください。「ヘミシンク」で検索するといいよ（笑）。

――いきなり読者に訴えかけましたね（笑）。

前田　まあ、ＣＤとかプレイヤーのセットを正規で買えば10万以上するけど、いまだったらメルカリとかヤフオクにも出ているかもしれません。『ＫＡＭＩＮＯＧＥ』読者のみんな、ぜひゲートウェイを！（笑）。

――前田さん、これ、ＹｏｕＴｕｂｅでやったほうがいいんじゃないですか？「じゃあ、寝まーす」って（笑）。

前田　それで寝ている俺の顔をずっと映して、朝起きて「何を見ましたか？」って聞かれたら「今日は乱交パーティをやりまくりました。マリリン・モンローも、ブリジット・バルドーともヤッちゃいました～」みたいなさ（笑）。

――「あー、気持ちよかった！」って（笑）。

前田　「モンローがしつこいんだよぉ」とかって。やるか、アホっ！（笑）。

前田日明(まえだ・あきら)
1959年1月24日生まれ、大阪府大阪市出身。リングスCEO/THE OUTSIDERプロデューサー。
1977年に新日本プロレス入門。将来のエースを嘱望され、イギリスに「クイック・キック・リー」のリングネームで遠征した。第1次UWFに参加したのち、新日本にカムバックをしたが、顔面キックで長州力に重傷を負わせて新日本を解雇される。そして第2次UWF旗揚げ、解散を経て、1991年にリングスを設立。1999年2月21日、アレキサンダー・カレリン戦で現役引退。その後HERO'Sスーパーバイザーを務め、現在はリングスCEO、THE OUTSIDERプロデューサーとして活動している。

辞めんのか！
多くのファイターたちから尊敬され、
愛されてきた男の決断!!

“NO FACE”

朴光哲

「ボクたちの判断基準というか
そういうのも時代錯誤なんだろうけど、
イケてる・イケてないがすべてじゃないですか。
だから負けてるのに格闘技に
しがみつくのっていうのは、
そこの判断基準が許さないですよね」

収録日：2020年12月9日　撮影：タイコウクニヨシ　写真：©RIZIN　聞き手：井上崇宏

EVERLAST
RVCA

鬼
onimaru home
鬼丸ホーム

NO FACE
RIZIN
ISAMI
RVCA
VA
SAITAMASHIZAI

「いいかげん家族に心配をかけられないから、その日暮らしのギャンブラーみたいな生活から足を洗おうかなって」

——11・25『RIZIN.25』での白川陸斗戦、お疲れ様でした。試合からもう2週間ほど経ちましたけど、いまはどんな気分ですか？

朴　しょぼーんって感じっスね（笑）。まあまあ、なんスかね、晴れ晴れしてるというか。

——その前の8・10『RIZIN.23』での青井人選手との対戦のとき、「これで負けたら引退」っていうことを公言して、判定で負けちゃったんですけど、結局やっぱり続けるということで臨んだ今回の白川戦でしたが、今回は本当に辞めるんですか？

朴　一応そのつもりですね。まあ、3年後の復帰を目指してやっていこうかなって（笑）。

——おおお？（笑）。

朴　今日もちょっと走っちゃいました。

——朴さん、それはどこまで本気で言ってます？

朴　いやまあ、いまのところは大真面目には考えているんですけど、3年後に復帰だと46っていう（笑）。

——でも、わりと本気でそう思ってると。

朴　うん。いまは言ってるだけかもしれないですけど。だから、このままトレーニングを続けられるような環境だけは整えていきたいと思ってますね。

——試合後に「俺が格闘技をやってる意味はカルマの清算。昔いじめっこで最終いじめられて終わる」って言っていたじゃないですか。よく試合直後にこんな言葉が出るなと感服したんですけど（笑）。

朴　いやいや（笑）。ホント大変じゃないですか、格闘技。だからツラいことがあったら「これもカルマなのかな？」って思うようにして自分で消化していこうかなっていうのはあって。今回、凄く調子もよかったんですけどね。まあ8月も調子がよかったし。

——自分で調子がいいと感じながらも負けるっていうのは、打たれ弱くなっているとかあります？

朴　まあ、なんスかね、総合をやってきて自分のキャパということで考えると勝ち尽くしたのかなって。試合っていつもやってる最中にジャッジとかも含めて考えながらやるんですけど、「あっ、これはもう勝つな。もらった」ってなるときがあるんですよ。そうなったときって絶対に勝てていたんですね。今回も試合中にそう思ったんだけど、それでも勝てなかったですからね。

――たしかに朴さんペースで試合は進んでいたんですよ。

朴　だけど最後やられちゃったんで。それで終わったばっかのときは「もうやりきった」と思ったんですけど、やっぱしあとで映像とか観たら「あれやればよかった、これやればよかった」ってなるんですよ。だけど、それ込みで試合じゃないですか。当日のライブでそこまでたどり着けなかった限界みたいなものってある。だから、もうボクも一国一城の主だし、いいかげん家族に心配をかけられないかなって。娘もかわいいっスよ、ホントに。

――かわいい娘のためにも、これから先の人生はちゃんと考えながら進んでいこうと。

朴　この、その日暮らしのギャンブラーみたいな生活から足を洗おうかなって（笑）。

――アマチュアも含めて、格闘技人生は20年以上ですよね。

朴　１９９９年にK'sファクトリーの門を叩いたんでそうっスね。それでプロになってから19年。２００１年11月に北沢タウンホールでプロデビューしたんですけど、その2カ月前にアマ修で優勝して。それが大阪だったんですよ。だからプロになるきっかけとなった試合と、最後の試合が同じ大阪っていう。

――ちょっと因縁めいた。

朴　だってそれ以来、大阪で試合をしたことがないんで。最初と最後が大阪っていうのもちょっと綺麗かなって（笑）。

――この20年、いろんなことがあったと思うんですけど。

朴　まあ、格闘技に2回バブルが来たっていうか。いまもちょっと格闘技が流行ってますけど、ボクらの時代は（佐藤）ルミナさんとかがバーッと行って、そのあとノリさんとかが出てきてって状況で、自分は思いっきし近くで見ていたのにいまいちその波には乗れなかったっスよね。そのあとの格闘技の冬の時代も見てきたし、まあ、トータルでいい経験はできたかなとは思ってるんですけど。

――でもHERO'Sでのアレッシャンドリ・フランカ・ノゲイラ戦とか、DREAMでのヨアキム・ハンセン戦とか、ずっと記憶に残っているし、わりとその時代の顔のひとりではあったじゃないですか。

朴　いやいや。HERO'Sなんてね、エルメス・フランカとかノゲイラとやらせてもらったんですけど、フランカ戦はミドル級トーナメントのリザーブファイトでもちろんテレビ放送もなく。まあ、そもそもノリさんのバーターなんすけどね（笑）。

――バーター！（笑）。まあ、当時のKIDさんは圧倒的に力道山ですもんね。

朴　そうなんですよ。だからボクはいまいち知名度も上がらずっていう感じっスかね。

――K－1 MAXにも出ましたよね。

朴　それこそバーターじゃないですか（笑）。新田明臣さんと

RVCA

かサム・スタウトってそのあとUFCに行ったヤツとMAXで2戦やって、それもいい経験をさせてもらったなって。でも単純にK-1だったら、そういう波に乗るときって派手に勝ったりするじゃないですか？　それもしょうもない判定でしかも負けるっていう。やっぱしキックの選手にキックで勝つってけっこう難しくて、まあいいところもあったんですけど、もう何も使いどころがないっていう。HERO'Sでも勝っても判定で、スタミナと打たれ強さでやってきたような感じで。最初はノリさんにあこがれて一発ドカンみたいなのを狙ってるんですけど、自分でも瞬発系じゃないっていうのはわかってたし、結果、倒せないで判定で勝つみたいな。使いづらいっスよ（笑）。

「ONEはギャラを控室に戻る途中に米ドルのピン札でくれた。もうあのときの快感っていったら（笑）」

――それと何回も映像でこすられて印象深くなっちゃってているのが、ノゲイラに勝ったあとに控え室でKIDさんに「おまえ、スパーリングじゃねえんだから」ってダメ出しされるっていう（笑）。

朴　そうそう（笑）。ノゲイラに勝って控室に戻ったらあれを言われるっていうね。

――あそこで「おー、やったぜ！　カンチョル！」みたいな言葉をかけてもらっていたら、凄くいいプロモーションになったと思うんですけど（笑）。

朴　まあ、ノリさんも全盛期だから（笑）。シュンってなっちゃいますよね。

――芸人さんもそうじゃないですか。M-1で審査員の松本人志が何を言うかが大事なわけじゃないですか。

朴　たしかにモロそれで。だからそのときは自分もまだ格闘技を競技として捉えてたんですよね。やっぱしエンタメなんですよ。格闘技って興行なんだから、KOとかショッキングなシーンを見せなきゃダメなんですよね。グダグダな判定勝ちとか誰も見たくない。自分もそれを心がけてはいたんですけど、もがけばもがくほど判定っていう。KOできるようになるまでに時間がかかったスね。最初の頃はKOもあったりして、負けなかった何年間とかがあったんですけど、「ここだ！」ってときに全部判定ですから。いくらレベルが高いところでやっていようが、ノゲイラに勝とうが、それには自分でも納得できなかったっスね。たとえばKILLER BEE時代でも、ほかのヤツがパンクラスとかのデビュー戦でKOで勝って、みんなから「素晴らしい！」って言われてるのを「ちぇっ！」って横から見てたタイプなんで。

――エンタメとしての格闘技っていうものを理解して、実践しようとしているからこそ、なおさら苦しむというか。

朴　だからONEでも結局は6勝6敗ですかね、でも勝った試合は全部KOできたから、「やっと時代が来たな」っていう感じだったんですけど、最後は負けちゃってみたいな。

――意外とONEの頃がいちばんいいパフォーマンスが見せられていた気もするんですよね。

朴　時期的に垢抜けたというか、コツを掴んだというか、そういうのはあるかもしれないですね。ONEのデビュー戦でKO勝ちしたし、その前の修斗の復帰戦でもKOで勝てたので、「あっ、これ、コツ掴んだんじゃない?」っていうのがあったんですよ。まあ、いい思い出っスね（笑）。ONEはギャラもそこそこいいのをくれたし。当時は米ドルのピン札で試合の日に支払いっスからね。

――へえー。いちばん嬉しいやつじゃないですか。

朴　しかもリングを降りて控室に戻る途中に事務室に行って受け取るんですよ。で、勝ったら倍、負けたらそのまんまっていう。もうあのときの快感っていったら（笑）。

――そんな儀式があるんですね。控室に戻る前にギャラをもらう。

朴　しかも札束。いい時代っスよね。

――いいパフォーマンスもできているし、勝てば倍もらえるし。

朴　たしかに自分のキャリアの中で絶頂だったのかなって。

――当時はRIZINの話をしても、あんまり興味なさそうでしたもんね（笑）。

朴　いやいやいや（笑）。RIZINは最初にスタートしたときのあの感じがあるじゃないですか。さわやかな感じ。それこそシーズン1ですよね。あのシーズン1に入れ墨だらけのよくわかんないヤツが入る隙はないなと、ハナからあきらめてたというか（笑）。RIZINは若くてキラキラしてる人たちの舞台。だから矢地（祐介）とかがハマったじゃないですか。

――出るドラマが違うっていう（笑）。

朴　そうなんですよ。ただ、シーズン5くらいに入ってきてネタが尽きてきたときに「待ってました！」と。

――それ、前から朴さん言ってましたね（笑）。

朴　「俺、映《ば》えするよ?」みたいな（笑）。「批判はあると思うけど、俺なんかが出てたらみんなザッピングを止めるよ?」っていうのはありましたよね。まあ、そのためのファッションタトゥーでもあるんで。

――ファッションタトゥー！（笑）。

朴　ONEでなかなか切られなかったのも、この見てくれじゃないですか。これがタトゥーも何も入ってない、ただのハゲ散らかしたオジサンだったら「アイツ、もういいや」ってなるけど（笑）。

――映《ば》えるし、タトゥーだらけのヤツがノサれたっていうのでも価値があるし（笑）。

朴　そうなんです。勝ったら勝ったで価値があるし、負けたら負けたでみんなからの「ざまーみろ！　タトゥーなんか入れてるから負けるんだよ！」っていう。「肉食わねえと負けるんだよ！」っていうのと同じセンスですね（笑）。

「みんな『まだできる』って言うんですけど『マジで壊れるわ！　そのあとケアしてくれんのか？』っていうところで（笑）」

――まあでも、これからも朴さんはずっとカッコよくいてくださいね。

朴　それ、ボクたちの判断基準というか、そういうのも時代錯誤なんだろうけど、イケてる・イケてないがすべてじゃないですか？　やっぱずっとそこの判断基準で生きていきたいっスよね。「アイツ、イケてねえよ」ってなりたくないじゃないですか。いくらカネ持ってようが、いくら売れてようが、「イケてねえよ」っていうのはまずいと思うんで。

――全然、誰にもあこがれられない金持ちってツライですよね（笑）。

朴　そうなんですよ。いまの時代のイケてるに合わせていくというか、むしろ合わせていかないと本当はダメなんだろうけど、でも自分の中でのイケてるっていうのもあるわけで、そういうのをこれからもやっていきたいなって思うんですよ。だから負けてるのに格闘技にしがみつくのっていうのもそうで。自分が若いときにそういう先輩を見ていて「イケてねーなー。勝ってからモノ言えよ」って思っていたわけじゃないですか。ただ、レジェンドって言われる人たちを見てきてると、引退したらチャラなんですよ。みんな最後は誰だって落ち目になってくるし、その落ち目のときにいちばん批判を喰らうんですけど、でも引退しちゃうとやっぱレジェンドなんですよね。

――星になるわけですね。

朴　星になるんですよ。だからいま辞めたら綺麗かなって思うんですけどね。ただね、ちょっとまだやり残したことがないのかって言えばウソになるから、まあ、批判をかわすためにも引退っていう（笑）。ホントにね、ボクは自分の見え方みたいなのを凄く意識しますからね。だから「いまじゃねえな」って。もっと入れ墨を入れて、もっと肌を焼いて、歯もホワイトニングしてからだなって（笑）。

――さらに仕上げていくわけですね（笑）。

朴　テッカテカで油ぎった感じにして（笑）。だからちょっと1回、ガラをかわして。

――ガラをかわす！（笑）。いわゆるロンダリングですね。

朴　ホントっスよ。

――じゃあ、ここで現役に区切りをつけるとして、でも引退後の朴さんがどんな動きをするのかっていうのが想像つかないんですよね。朴さんって格闘技に対する思いが強すぎるから、ボク個人の気持ちとしては「もうこれはブッ壊れるまでやりましょうよ！」って感じだったんですけど（笑）。

朴　それ、みんな言うんですよ。「まだできる」って言うんですけど、「マジで壊れるわ！」っていう（笑）。「そのあとケアしてくれんのか？」っていうところで。

――今後、何か考えてることってあるんですか？

朴　やっぱジムとかはやりたいかなって。自分自身がずっと身体を動かしていきたいんで、ジムとかをやりつつ自分のトレーニング場があったら調子いいじゃないですか。どっちみち身体を動かし続けないとボクは狂っちゃうんで。

――頭が？

朴　頭が。ストレス耐性がないんで。

――絶対に運動しましょう（笑）。

朴　身体を追い込んでいかないと最終的には逮捕されちゃうんで。

――ヤバイじゃないですか（笑）。

朴　そっち側の人種なんで（笑）。こんな時代なんで、いたるところに監視カメラばっかあるからすぐに捕まりますからね。

――何をやろうとしてるんですか？（笑）。

朴　アッハッハッハ！　だから、そうやってうまくバランスを取りながら生きていきたいなって思ってるんですけど。

——やっぱりファイトスポーツには関わっていくってイメージですかね。

朴　格闘技だけじゃなくて、あとは身体のメンテナンスですよね。社会貢献。みんな腰が痛いとか、ヒザが痛いとか言ってるけど、「あっ、それ治るよ」みたいなところで。それで治して、ちょっとでも調子よく生きていくっていうのを共有できたらいいなと思ってるんですけど。

——朴さんの経験や理論っていうのは、ひとつの財産ですからね。

朴　いやいや、全然まだまだ。今回の試合の2週間前くらいにジム（KRAZY BEE）を辞めてフリーになったんですけど、それで昔行っていた初動負荷理論のジムにまた行きだしたんですよ。で、「やっぱすげえな」って。知ったつもりで「俺のストレッチは完成した」とか思ってたけど、もう1回あらためて行ってみたら「あっ、なるほど」っていうことばっかなんですよね。初動負荷トレーニングってイチローもやっていたやつがあるんですけど、そのジムが五反田にあるんですよ。昔そこにノリさん（山本KID徳郁）と一緒に行ってて、そこからストレッチのほうに。

——傾倒していったと。

朴　はい。それでまたあらためて本場のトレーニングをやってみたら、足りない部分に気づいたというか「あっ、なるほどね。まだまだだな」って。まだまだ奥が深くて、これは人生を費やしても足りないくらいのものがあるんで、これからもいろんなトレーニングも採り入れていこうかなっていうのをあらためて思ったんですよね。

「ふざけて言ってるんじゃなく自覚としてあるのはアスペルガー症候群。なんでもバランスよくってのができない」

——あと朴さんといえば、ハードコアなビーガンじゃないですか。現役を終えても、今生はもうずっとビーガンで行くつもりなんですか？

朴　たとえば凄い太ってる人とかいるじゃないですか？　で、グッドシェイプの人っているじゃないですか？　その人がみんな極端な生活を送ってるかっていえば、そんなことはないですよ。でもボクの場合は「なんでも食べてもいい」って解禁しちゃったら、確実に今度は身体を壊して死との闘いになってくるんで。絶対に毎日ピザとか食べて、ハーゲンダッツとか食べてってなっちゃうんですよ（笑）。戒律を設けていないと歯止めが効かなくなっちゃうっス。バケツみたいなアイスとかガンガンいっちゃいますからね。

――本来は暴飲暴食が大好き（笑）。

朴　だから、そこはなおさらっスよね。現役引退して太っちゃう人っていっぱいいるじゃないですか？　まあ、太ってもいいんですけど、やっぱむくんでる人が凄く多いんですよ。だからずっとシュッとはしていたいかなって。8月に負けた時点で「まだ肉は食べてないの？」とか「肉食べないからだよ。肉食え」って会う人、会う人に言われたんですけど。

――陰口も含め（笑）。

朴　「肉食わねえからだよ」って。「わかってるけど、俺がどれだけ焼肉食うか知らないでしょ？」っていう。次の日にも練習にならないくらい食っちゃうんだから。あの頃にはもう戻りたくないんで、焼肉屋の誘いとかも全然行くっスけど、「ビビンバの肉、卵抜きで通させてもらいます」っていう感じで。まあ、自分は食事も睡眠も含めてトータルでやっていくんで。もともとボクはあまり眠れなかったほうなんですけど、最近は凄くよく眠れるようになったんですよ。そこにもコツっていうか、「これをやってたら寝れないよ」っていうのがあるんで、そういうのもみんなと共有していきたいなと。食事とトレーニングと睡眠。完璧じゃないですか。そういうのを合宿とかで見れるような施設を作ってもいいし。

――あっ、それいいじゃないですか。

朴　そうなんですよ。合宿費って単価が高そうだし（笑）。だからジムをやるにしても、ご飯も食べれて、料理教室もできるようなオープンキッチンがあってっていう、そういうイメージもあるんですよね。ただ、そういうのを整えようとしたら2億くらいかかるんで。誰か社長さん、いないスかね？（笑）。

――ざっくりしてますけど、そのオープンキッチンの付いた物件が2億かかるんですね？（笑）。

朴　そうっスね。トータルで2億くらい（笑）。

――でも、それだったら格闘技に限定されないですもんね。

朴　だからストレスの多いサラリーマンとかだったら、出社前にちょっと呼吸のトレーニングをやるとか、そういうのとかもやりたいし。実際はスペースなんて10畳くらいあればなんでもできるので2億もかかんないし（笑）。そういうスペースがいろんな企業のオフィスの中にあって、福利厚生でできたりするのもいいっスよね。最初はちょっと小さくてもいいから細々と、ひとりで回るくらいでやっていって、そっからどんどん展開していきたいなと思ってるんですけど。やれば絶対にハマるし、なければ生きていけなくなっちゃうんで「ビューティフル・ライフをお届けします」っていう感じの。自分自身がそういうライフスタイルを送り続けないとダメになっちゃうんで、それを死守するためにもそういうビジネスですよね。それを続けてやっていけば、また新たな発見もあるだろうし。

EVERLAST
RVCA

――朴さんってもともと不良じゃないですか？

朴　じゃないですよ。全然不良じゃないです（笑）。

――そのストイックというか、求道者的な一面というのはわりと生まれ持ったものなんですか？

朴　前にも言ったんですけど、やっぱ自覚としてあるのはアスペルガー症候群なんじゃないですかね。これはふざけて言ってるんじゃなく。

――何かひとつのことに異常にこだわりを持つタイプっていうか。

朴　そう。なんでもバランスよくっていうのができないっスね。

――これだと思ったら突き進んじゃうと。

朴　そうっスね。結局、生きることは毎日のことなんで。だから生活のルーティンにいかに組み込んじゃうかってことで。それが一過性のものだったら意味がないんで、それありきの人生みたいにしたいですね。

――たとえば「朴さん、肉食おうよ」っていうのは、直近の数試合に勝つためのアドバイスじゃないですか。でも、朴さんってひとつの人生というスパンで物事を考えているから、そこがちょっと折り合いがつかないんでしょうね。

朴　そうっスね。そこを解禁しちゃうとマジでどうしようもなくなっちゃうんで。前にも言いましたけど、アイスの新作が出るたびにコンビニをハシゴっスからね。あそこで散々買ったから、もう恥ずかしくて行けなくなって違うコンビニに行くっていう（笑）。近所のミニストップが閉店するときは凄いさびしかったですから。「あそこのアイス、おいしかったね」みたいな。

「ひとつのところにずっと居続けてたら、保守的になったり、排他的になったりしがちなんで」

――ビーガンやストレッチ、ヨガとかの前は何にハマってたんですか？

朴　自分はもともとサッカーをやってたんで、「走らなきゃアスリートじゃない」っていうことで走ることを大事にしていたと思います。走って、バカ食いして、トレーニングしてってい う。そのトレーニングにしても、とにかくハードに、スパーリングも限りなくガチに近い感じで、っていうことしか強くなり方がわかんない世代というか。ボクシングでウェルター級の元日本チャンピオンの加山利治さんと1回食事する機会があって話したんですけど、「やっぱしスパーリングしなくなったらダメだよ」と。やっぱり、みんなキャリア終盤になってくるとスパーリングをやらなくなるんですよ。要領も掴んできて、壊れたくもないから。でも試合って凄いハードだから、スパーリングって絶対にやらなきゃいけないっスよね。だからスパーリングに重きを置いてやってきたんですけど。

——自分を律するということも好きなんですかね。

朴　じゃないと、どうしようもなくなっちゃうんで。

——そのどうしようもない自分を、自分がいちばんよく知っているからっていう。

朴　そうなんですよ。たとえば誰も見ていないところでアイスや肉を食ってもいいじゃないですか。でも、それだといくら表で「あっ、ボク、ビーガンです」ってやってても意味がないんで。まあ、最初に井上さんがインタビューしてくれたのが3年前くらいじゃないですか。あのときにも言ったオナ禁と一緒っスよね。もう3年くらい継続してますからね（笑）。

——3年も！

朴　これ言うと、「その前はやってたんか！」ってなるのがちょっと恥ずかしいですけど（笑）。

——えっ、ボクなんていまだに毎日やってますよ？（笑）。

朴　それ載せてくださいよ（笑）。

——えっ、みんなそうなんじゃないんですか？（笑）。

朴　もう寝る前の儀式みたいになってるじゃないですか。歯磨き、オナニーみたいな（笑）。

——もう習慣みたいなもんですよ（笑）。

朴　そういうのも隠れてやってたら誰にもバレないわけじゃないですか。だから戒律の世界っスよね。そういうのを設けると全然違うんですよ。自分の中で徳を積んでるというか。

——ポイントが貯まるんですね。

朴　ただ、それでおかしくなっちゃうのが、そういうのを人に強要しようとするとダメっスよね。強要すると軋轢が生まれるというか。だけどアドバイスを求めてくる人には惜しみなく教えてあげるっていう。そういうところで自分ではうまくバランスは取れていると思うんですけど、活動家になっちゃうと、こういう取材も受けられないような人になっちゃうんで（笑）。まあ、そういう時期も経てですよね。「これはこうだ、だからこうしろ」っていう時期もあって。

——タバコをやめたばかりのヤツが、一時的に誰よりも嫌煙家になるみたいなことですよね（笑）。

朴　そこはうまく折り合いをつけていかないとダメな世の中なんで。なんでもかんでも自分の主張ばっか言い出したらきりがないんで。

——あとは、やっぱりKIDさんとずっと一緒にやってきたKRAZY BEEを辞めたことについてもコメントがほしいんですけど。

朴　まあ、辞めたときはまだ現役を続ける気満々だったんですよね。

——辞めたのが試合の2週間前っておっしゃいましたよね。

朴　そうっスね。やっぱし自分ではそういうつもりはなくても、ひとつのところにずっと居続けてたら、保守的になったり、排他的になったりしがちなんで。そこで自分らが「こうだ！」って決めた練習ばっかやるわけじゃないですか。そうすると若手とかが萎縮したり、なかなかアピールできないのかなって。だから新しい若いコたちに場を譲るというか、「おまえらでやってよ」っていう。たとえば（山本）アーセンとかはいま日本に帰ってきてやってるんで「あとはまかせたよ。アー坊」みたいな感じですかね。上の立場になったら若いときのことを忘れちゃうんだけど、若かったら若いなりに凄い考えてるんですよね。それは中学のときも、高校のときも、大学のときもそうで。たぶんアイツらはアイツらで「練習をもっとこうしたほうがいい」っていうのが絶対にあると思うし、なきゃおかしいじゃないですか？　だけど俺らがいるとずっと固定になっちゃうんで。自分たちでいろいろ試した結果を「これでいいんだよ」って頭ごなしには言わないんですけど、いわゆる見えない圧というか、いまで言うパワハラじゃないけど（笑）。

――「こっちは昨日今日でできた理論じゃないんだよ」っていうような。

朴　だから逆に「おまえら、そんな昨日今日考えたようなメニュー組んでんじゃねえよ」みたいな。だけど、そういうのをいろいろと試行錯誤してやるのも総合のおもしろいところじゃないですか。俺らがいなくなることで「もっとこうやろう、ああやろう」っていうのが絶対に出てくると思うので、そういう場になってくれたらっていう。

――朴さん自身も環境を変えることで、いろいろ新しい発見があるでしょうね。

朴　ホントっすね。だから過去は振り返らずどんどん新しいほうに、自分の道は自分で切り拓いていかないといけないし。で、フリーになって気は楽になりましたね。今回、自分だけがフリーになったんじゃなくて、矢地とかいろんなメンバーがフリーになったんですけど、それって自分らが口裏を合わせて「よし、辞めよう！」とかじゃなくて、個人個人がそのタイミングだったってことですね。シンクロニシティが起きたということか。みんなも「一皮剥けるために」っていうのを考えてたと思うし。で、若手もがんばっていいコたちも出てきたんでがんばってほしいですよね。自分も身体に「KRAZY BEE」って（タトゥーで）何個入ってるのかわかんないですけど（笑）。

――昔のオンナの名前的な（笑）。

朴　そうそう（笑）。まあ、3カ所くらいはあると思うんですけど、スペイン語でも入ってるし、もちろん英語でも入ってるし。まあ、KRAZY BEEはフォーライフだったっスからね。

――朴さん、これからも仲良くしてくださいね。

朴　もちろん、こっちこそよろしくお願いします。2億用意してくれる人とかを見つけてくるのを期待しています（笑）。

朴光哲（ぼく・こうてつ）
1977年5月27日生まれ、静岡県出身。総合格闘家。
2001年11月26日、マーク・ドゥンカン戦でプロ修斗デビュー。2006年8月5日、HERO'Sでアレッシャンドリ・フランカ・ノゲイラを破る。その後、DREAM参戦などを経て2012年10月6日、ONE初参戦となった『ONE FC 6』の初代ライト級王座決定戦でゾロバベル・モレイラをTKOで破り王座獲得。2019年8月16日のタン・リー戦を最後にONE Championshipとの契約を解消。2020年8月19日『RIZIN.23』で青井人に判定負け、11月21日『RIZIN.25』で白川陸斗にTKO負けを喫し、現役引退を表明した。

鈴木みのるのふたり言

第90回

2020

構成・堀江ガンツ

——いま、お店（原宿「パイルドライバー」）の隣で作業されていましたけど、コロナ禍で大変ななか、店舗拡大をするんですね。

鈴木　もともと去年（2019年）から進めていた話なんだけどね。倉庫が手狭になってきて作業がしづらかったんだけど、隣のスペースが空くっていうから、そこを倉庫として借りようって。それで敷金を用意するのに少し時間がかかって、このタイミングになっただけでね。隣はシャッターを開けると壁になってて、そこに友達のグラフィックアーティスト、左右田薫さんに鈴木みのるの絵を描いてもらう予定なんだよ（この号が出る頃には完成）。そこがお客さんにとって、新たな撮影スポットになればいいかなって。

——やっぱり「こういう大変な時期だからこそ攻める」みたいな考えがあるんですか？

鈴木　当たり前じゃん。こんなとき、ちまちまと経費削減してもさらに悪くなるだけだからね。もちろん以前よりは大量出荷や大量発注は難しくなっているけど、そこは売り上げとバランスを見ながらやっていけばいいし。

——でも、今年（2020年）は新日本の春のシリーズがすべて中止になったりして、かなりの打撃は受けましたよね。

鈴木　あそこから大ダメージを喰らったからね。巡業に持っていく用のTシャツが1500枚くらいあったんだけど、興行が中止になったことで倉庫に在庫が溢れるくらいになったから。

――しかも、ニュージャパンカップって長いシリーズですもんね。それが全部在庫になってしまうという。

鈴木　そんな話をこないだファンキー加藤が店に遊びに来たときにしてたら、アイツも相当影響あったらしいよ。ライブツアーが中止になって「サイリウムが大量に余った」って。5万本くらいあるらしいから（笑）。

――5万本！　いまやライブに欠かせないものになっていますけど、Tシャツやタオルと違って、普段の生活にはまるで必要ないものですもんね（笑）。

鈴木　しかもツアー名まで書いてあるから、来年使い回すこともできないという（笑）。

――思いっきり「ツアー2020」って入っちゃってるんですね（笑）。あと今年は鈴木さん自身、プロレスに復帰してから試合数がいちばん少なかったんじゃないですか？

鈴木　そうかもしれないね。春から夏にかけて3カ月くらい試合がなかったから。その後はビッチリ試合だったけど、年末のタッグリーグは参加しなかったから、合わせて半年近く試合から離れていたんじゃないかな。

――そんななか、プロレスの活動についてはどんなことを考えていましたか？

鈴木　正直、先のことは見通せなかったよ。だって、ここ原宿エリアがゴーストタウンみたいになってたからね。外出自粛が強く言われてた頃、ひどいときは本当にひとりも歩いてなかったから。でも、そこで嘆いたり悲しんだりしても何もならない。俺はどこかの所属選手じゃないし、年俸でお金をもらってるわけじゃないから、「試合がない＝0円」なので。「試合がない＝休み」じゃないんですよ。今回のタッグリーグは俺以外にも休んでる選手が何人かいると思うけど、そいつらと俺はあきらかに違う。「試合がない＝無職」なんで。年俸でもらってる選手だったら、この日が休みですってなれば「ああ、つまんねえな。何してヒマを潰そうか……」ってなるんだけど、遊んでるヒマがあったら、少しでも店の仕事をしようっていうね。

――あと今年は興行を再開してからも、お客さんに声援を自粛してもらっていますけど、それは試合をしていてどう感じてましたか？

鈴木　仕方がないことだけど、正直、楽しさは半減だろうなと思うよ。プロレスは野次も含めて声を出して応援することも楽しさの大きな要素だから。いまの声を出せない状況というのは、新しい楽しみ方を見つけるチャンスではあるけど、以前よりは絶対におもしろくない。何をやってもパチパチって、クラシックのコンサートかって。

――いまや拍手が唯一の応援手段みたいになってますもんね。

鈴木　俺ね、客の拍手が大嫌いなんだよ。

――嫌いなんですか!?（笑）。

鈴木　これは歓声が出せなくなる前からだけど、攻防してパッと離れた瞬間とか、大技が決まったあととか、パチパチパチって拍手が起こるじゃん。あれ、大っ嫌いだね。

――「評価しましたよ」って感じがするわけですか？

鈴木　「よくできました」って言ってるような感じがする。

――たしかにフライングメイヤーをやって、ヘッドシザースで返してっていう流れのあとの拍手とか、場外への飛び技をやったあとの拍手は、そんな意味合いが感じられますね（笑）。

鈴木　あれは「リアクションをチョイスする余裕を客に持たせてる」っていうことだと俺は思ってるんで。だから俺は大嫌い。

――「うぉー！」っていう歓声にしても、拳を突き上げたりする動作にしても、自然と出てしまうリアクションですもんね。そういったものと拍手とは違う。

鈴木　拍手をもらって満足しているレスラーもいるかもしれないけど「バカなんじゃないの」って。あれはお客さんが好きなプロレスを継続させるために、言われたとおりにやってるだけで、レスラーが生み出したものじゃない。本来、お客は我を忘れて声を出したいんだよ。

――歓声だけじゃなく、嫌いなレスラーとか悪いことをするレスラーに対して「テメー、ふざけんな！」って、思わず汚い言葉が出ちゃうのが本来のプロレス会場ですもんね。

鈴木　俺が子どもの頃にプロレスを観に行ったときなんか、叫びすぎて、終わったあと声がガラガラになってたもんな。そういう我を忘れてしまうような状態になることこそ、プロレスの楽しみ方のすべてのような気もしなくないな。

――〝会場が出来上がってる〟っていうのは、そういう観客がハイになった状態ですもんね。だから鈴木さんは「よくできました」みたいな拍手をもらうような試合はしないと。

鈴木　基本的に嫌いだからね。あと、俺に対して「みーのーる！　みーのーる！」みたいなコールも大嫌い。

――コールまで？（笑）。

鈴木　嫌い。相手のコールはいいんだよ。「オッカーダ！」「ターナハシッ！」「ナーイートー！」ってのはどんどんやってくれ。ただし、俺の名前だけは呼ぶな。あれは嫌い。あのコールを受ける人ってどんな立場なのか知ってます？

――試合のシチュエーションで考えると、やられている選手に対して「がんばれ！」っていう意味合いですかね。

鈴木　それイコールどういうことかわかる？「弱いヤツ」っていう認識なんだよ。だから俺にはいらねえと。いい者とか悪者とかっていうことではなくて、コールが起きるってそういうときなんだ。実際、ずいぶん前に俺と髙山（善廣）が組んで、飯塚（高史）＆矢野（通）とやったとき、大・飯塚コールが起きたんだよ。それは本人は嫌だったはずだよ。

――クレイジー坊主として本来は罵声を浴びる立場なのに、判官びいきみたいな形でコールを送られたわけですもんね。

鈴木　弱いって見られてるから「がんばれ！」ってことでコールが起きてるわけでしょ。もし、そんなふうに「みのるコール」が起きたら最悪だよね。だからあのコールを気持ちいいと思って受けてるレスラーもたくさんいるんだけど、「おまえ、そこで終わっちゃうよ」って思うけどね。そういう選手は口を揃えて言うじゃん。「海外に行ったらコールがないから寂しい」って。俺は関係ないもん。俺のプロレスは言葉を必要としないプロレスなんで。思い返せば、それは若手の頃に最初に習ったことかもしれないね。

――そうなんですか？

鈴木　若手の頃、試合中に技を極められて

「あー、痛い痛い痛い!」って、つい声が出ちゃったんだよ。そうしたら控室に戻ったとき、星野勘太郎さんと木村健悟さんに凄い怒られた。「痛いときに『痛い』って言うな! 言葉で説明するのはプロレスじゃねえ!」って。それを言われた当時は俺も意味がわからなかったけど、いまは凄くわかるようになった。「痛い」とか「悔しい」とか、口で言えば客にも簡単に伝わるけど、それじゃあ自分の能力、表現力は上がらないからね。

——プロレスは表情や動きでそれを表現するものですもんね。

鈴木 あと、「あのときのあの技はこういう意味があった」とかしゃべるヤツもいるじゃん。それもダメ。そんなの言わずに観客それぞれに想像させればいいんだから。

——たしかにそのほうが幻想が高まりますよね。いろんな捉えられ方の広がりもあるし。

鈴木 だからまあ、今日の結論は俺にはコールはいらないし、試合中の言葉も必要としない。あとファンに対しては、もうちょっと待てば、会場で我を忘れて声を出せる日がまた来るからってことだな!

コロナを逆手に取って大爆発！
リング上とＳＮＳでポジティブを発信し続けて
ブレイク中の「鬼に金棒」!!

世志琥［SEAdLINNNG］
Sareee［WWE Count Down］

いろんなことが停滞しがちなコロナ禍で
こんなに濃密な時間が過ごせるとは
思ってもいなかった。もう絶好調です（世志琥）

一緒にオニカナでＷＷＥに上がれたら
最高じゃないですか。世志琥ひとりを
日本に置いていくのは心配ですから(笑)（Sareee）

収録日：2020年12月6日　撮影：タイコウクニヨシ　聞き手：堀江ガンツ

「まさかコロナになってTikTokでバズるようになるとは思ってもいなかったけど必然だったのかな」（世志琥）

——いま、雷門から浅草寺の仲見世で街ブラのような撮影をしてきたわけですけど、いかがでしたか？

世志琥 自分たちにピッタリな場所だなって。

Sareee ホントだね。

世志琥 浅草といったら「鬼に金棒」みたいな。ふたりで初めて行ったんですけど、そんな気になりました（笑）。

——ふたりで出かけたり、ご飯を食べに行ったりすることってあるんですか？

Sareee ないですねー（笑）。だってタッグとして一緒にやりだしたのもこないだからですもん。

世志琥 そうですよ。まだタッグを組んでから日が浅いんで。

——先ほどの撮影でも終始ワチャワチャと楽しそうでしたけど、こんなに仲良くなると思わなかったというか。

世志琥 全然思わなかったですね。ただ、お互いライバルで闘ってきたからこそわかるものがあるというか。だから仲良くなるのも早かったですね。

Sareee あー、たしかに（笑）。

世志琥 「コイツには負けたくない」って思っていたからこそ、お互いを理解しあうのが早かった。

——もともと、仲良くはなくてもお互いに意識はしていたわけですもんね。

Sareee 世志琥は最初は意識していなかったと思いますけどね。

世志琥 まあ、自分はそんなに。

Sareee 私が無理やり目の前に入ったんで（笑）。

世志琥 ホント無理やり入ってきました（笑）。

——おふたりのライバル関係が始まったのは、世志琥選手がシードリングに入ってからですか？

世志琥 そうですね。自分が（スターダムで引退後、2016年に）復帰してからですね。それまではまったく眼中になかったのに（笑）。

Sareee 自分はデビューしたときからありましたけど。同じ年にデビューしてるので。

——団体は違えど、業界の同期だったんですね。

世志琥 そうしたら復帰したその日に急にリングに上がって挑発してきて。

Sareee アハハハハ！

世志琥 一度はこの世界を離れた人間がリングに戻ってくることができて、ちょっと感動的な場面だったんですけど、空気を読まずにリングに上がってきて。そこから「コイツは頭がイカれてんな……」って思っていましたね（笑）。
Sareee　お互いにイカれてますから（笑）。
世志琥　自分はまだまともなほうなんで。
――Sareee選手は当時、世志琥選手に対してはどんな印象を持たれてたんですか？
Sareee　「同期なのに凄い上に行ってるな」って思っていたし、それが凄く悔しかったんですよ。だから「いつか絶対に目の前に立って倒してやる」ってずっと思っていました。
世志琥　そうなんだ？
Sareee　思ってた！（笑）。それでシードリングで復帰して、「あっ、いける！」と思ってすぐリングに上がって「闘わせろ！」って言いましたね。
世志琥　ホントすぐだったもん。ちょっと感動みたいな場面なのに、お客さんが感動に浸る間もなくリングに上がってきたのがSareeeと中島安里紗で、「マジ、コイツら空気読めよ……」と思って（笑）。でもそこから始まりましたね、自分たちは。
Sareee　まさかタッグを組むようになるとはまったく思いませんでしたけどね。
――Sareee選手が当初の予定どおりWWE入りして、春から渡米していたら実現しなかったわけですもんね。
Sareee　ホントそうなんです。
――だから今年はコロナ禍でいろいろありましたけど、よくも悪くもいちばん影響を受けたふたりじゃないかと思ったんですよ。
世志琥　たしかにそうですね。
――世志琥選手はステイホームの状況下で、お菓子作りの動画をTikTokに投稿したことで思わぬブレイクの仕方をして（笑）。
世志琥　バズりましたね（笑）。
――突然、そういう流れになったときはどう思いましたか？
世志琥　自分はまず、こういうコロナみたいな状況になるなんて思っていなかったですし、コイツ（Sareee）が日本に帰ってくるまで闘うことはないだろうと思って、〝最後の闘い〟を2月にやったし。それがまさかコロナになって、自分もSNSでバーンと跳ねるとも思っていなかったし。ホントによくも悪くもだなって思うんですけど、なんか必然だったのかなとも思いますね。

『女子プロレスをメジャーにしたいとずっと思っていて、それを一緒に目指せる人がこんな近くにいた』（Sareee）

――どこか運命的なものも感じますか？
世志琥　そうですね。それがなかったらいまがないから。あ

OLL'S SHOP
Musashiya
人形のむ

とはそうさせてくれたプロレスも凄いなと思いますね。プロレスが凄いのかもしれないです。

——お菓子作りの動画も、メンチを切りながら「どうも、女子プロレスラーの世志琥です」で始まるからこそのギャップがウケたわけですもんね。

世志琥　自分もコロナ禍でプロレスができない状況下でも、女子プロレスを広めるための手段としてSNSを始めたところがあるので、それがいい方向に行ったんじゃないかなって実感してますね。

——その効果は大きいですよね。さっき仲見世を歩いていても、「あっ、スイーツの！」って言われていましたし（笑）。

Sareee　みんな、ちょこちょこっちを見てましたよね（笑）。

世志琥　自分はあまり気づかないんですけどね。街で声をかけられることもあまりないし。

Sareee　声をかけたいけど、怖くてかけられないんじゃないの？（笑）。

——遠くから見てるだけで（笑）。

世志琥　遠くからひそひそ話をされていることはよくあります（笑）。

——Sareee選手は世志琥選手がこういう意外な形で注目されるようになって、どう思いました？

Sareee　凄いなって思いましたね。コロナのなか、自分も試合ができないし、アメリカにも行けないし、「どうしたらいいんだろう？」って凄い落ち込んでいたんですよね。そんなときにテレビで世志琥のことをめっちゃ観るようになって、「すげー！」と思って（笑）。

世志琥　観てくれてたんだ（笑）。

Sareee　全部観てた。TikTokも毎日観てたよ（笑）。

世志琥　ファンじゃん（笑）。

Sareee　でもライバルがこんなにがんばってるし、「負けたくない」って思ったんですよ。凄く勇気をもらいましたね。

世志琥　いいこと言うじゃん。いまタッグを組んでなかったら、絶対にこんなこと言ってないよね（笑）。

Sareee　絶対に言わない。いまだから言えるけど（笑）。

世志琥　いま、初めて聞きましたもん。

Sareee　でも、「凄いな」「悔しいな」「私もがんばらなきゃ」って思わせてもらったのはたしかなので。そういうきっかけをくれるのはやっぱり世志琥だなって。

世志琥　いまの言葉も普段は言わないことですよ（笑）。

Sareee　自分は思っていても口には出さなかったけど、この人は絶対に私のことをそんなふうに思ってない（笑）。

世志琥　いやいや、思ってますよ。「コノヤロー」って思わせてくれるのがSareeeなんで。

――タッグを組んでも、おふたりのそういう生の感情が出て、いい方向に行ってる気がしますね。

世志琥　お互いに目指していることが一緒というか。女子プロレスを広めたい、もっとメジャーにしたいっていう思いが根底にはあるんで。Ｓａｒｅｅｅはアメリカに行くことが決まっているけど、「いまふたりが一緒になってできることで、女子プロレスを盛り上げていこう」っていう同じ思いがあるんですよ。ふたりが目指していることが一緒だからこそ、結果を残せているんじゃないかと思います。

――方法論は違っても、「女子プロレスをメジャーにしたい」という目指すところは一緒だっていう。

世志琥　そうですね。

Ｓａｒｅｅｅ　私も「女子プロレスをメジャーにしたい」とずっと思っていたんで、それを一緒に目指せる人がこんな近くにいたんだって（笑）。

――お互いのことを知っているようで知らない部分もあったというか。Ｓａｒｅｅｅ選手は、世志琥選手がこんなにお菓子作りや料理が上手だっていうのは前から知ってました？

Ｓａｒｅｅｅ　全然知りません（笑）。

――そうなんですか（笑）。

世志琥　表に出してなかったんで。

Ｓａｒｅｅｅ　「こんな特技を隠し持ってたのか」みたいな（笑）。

――女子力をこれまで温存していたという（笑）。

Ｓａｒｅｅｅ　スイーツは昔から作ってたの？

世志琥　作ってた。趣味だから。

Ｓａｒｅｅｅ　早く出せばよかったのに。趣味だったんだ、凄いね（笑）。

世志琥　タイミングがバッチリだったんですよ。みんな家から出られない自粛期間で、おうちカフェとかそういうのが流行った時期だったからこそ、ああいうのもバズったと思うんですよ。普通にやってもたぶんバズらなかったと思うし、自粛期間だからこそのことでしたね。

『アメリカに行けないっていうことで急に絡んできて、やっぱり『コイツは頭がおかしいな……』って思った」（世志琥）

――「このタイミングで出そう」っていうのは、世志琥選手の判断だったんですか？

世志琥　ちょうど流行ってたっていうのがありましたね。あと、女子プロレスラーのほとんどがＳＮＳをやっているんですけど、ＴｉｋＴｏｋをやっているレスラーってあまりいなかったんですよ。それとＴｉｋＴｏｋって若い層に人気のＳＮＳなので、もしそこでバズったら若いコのファンも増やせるんじゃないかなっていう。自分をプロデュースしてくれている人もいて、その人とも話し合って「やってみよう」っていうことになって。
――プロデュースされているのが、あぃりDXさんで、元全女の今井良晴リングアナウンサーの娘さんですよね。
世志琥　はい、そうです。いまシードリングの宣伝部長っていうことで宣伝してもらっていて。もともとはティックトッカーとして有名なコだったんですけど、そのコにプロデュースしてもらって始めたのがきっかけですね。
――あぃりDXさんは、世志琥さんのお菓子作りのことは知っていたんですか？
世志琥　いや、知らなくて。自分が自粛してからTikTokをやる前にインスタライブとかで「いまからイチゴ飴を作る！」とかやってたら、それを観て「お菓子作りが好きなんですか？」みたいな。
――ピンと来ちゃったんでしょうね。
世志琥　それで「いま、おうち時間で、おうちカフェ、おうちご飯とかが流行ってるからやってみませんか？」って。ちょうどトレンドだったんですよね。だからそれがきっかけですね。
――そういう身近な仕掛け人の力も大きかったんですね。世志琥選手の動画は編集もうまいし、ネタ的にも最初はコワモテで始まって、スイーツが出来上がると満面の笑みっていう構成も最高だし（笑）。
世志琥　編集もあぃりちゃんがやってくれてるんですけど、神ですね。使ってほしいところをわかってくれてるんで。
Sareee　自分も自粛中は「Sareee'sクッキング」をやっていたんですよ。
世志琥　えっ、なに？　知らないんだけど（笑）。
――春にインタビューしたとき「料理に力を入れます！」って宣言してましたもんね（笑）。
Sareee　自分も自粛中はご飯を作って「#Sareeecooking」ってハッシュタグを付けてインスタとツイッターにあげてたのに何にもバズらなかった（笑）。
世志琥　そんなことやってたんだ。どうせ料理って言っても、鶏肉とブロッコリーを茹でただけとかでしょ？（笑）。
Sareee　ちゃんと天津飯を作ったりしてましたよ。世志琥に影響されてね（笑）。
世志琥　待って。プロレスじゃなくてそこに影響されるんだ（笑）。いまも料理はしてるの？
Sareee　いまはもう全然やってなくて、やっぱウーバーイーツがいちばん！（笑）。
――出前じゃねえかっていう（笑）。
世志琥　これがSareeeですよ（笑）。
――「鬼に金棒」は、Sareee選手がボケで、世志琥選手がツッコミみたいな部分があるのがまたいいですね。

世志琥　コイツはツッコミどころ満載なんで。突然、突拍子もないことをやったりするし。自分たちが自粛明けにリングに上がったときも、Ｓａｒｅｅｅがアメリカに行けないっていうことで急に絡んできて。そこでもやっぱり「コイツは頭がおかしいな……」って思ったんですけど、そうしたら青い薔薇の花束を持って「シードリング、５周年おめでとう！」みたいな。

――挑発してるんだか、お祝いに来てるんだか（笑）。

世志琥　そもそもシードリングのリングに上がってくること自体、「なんだよ、コイツ……」と思ってたから受け取らなかったんですよ。

――Ｓａｒｅｅｅ選手は、シードリングに移籍したと思ったら半年ですぐ退団しちゃったことがありましたもんね（笑）。

世志琥　だから受け取りを拒否したら、その花でおもいっきりぶん殴られて。

Ｓａｒｅｅｅ　アハハハハ！　それは殴りますよね。受け取らないんだもん（笑）。

――受け取らないなら、それで殴るのがプロレスラーの作法だと（笑）。

Ｓａｒｅｅｅ　そうです（笑）。

世志琥　いきなり殴られたこっちは「コイツ、やっぱり頭おかしい」って思いましたけどね。薔薇で殴られて「ムカつく！」っていう思いより「薔薇がもったいねー！」ってみたいな（笑）。

Ｓａｒｅｅｅ　そこ？（笑）。

――青い薔薇の花束なんて、安いものじゃないでしょうしね。

世志琥　しかもけっこうな量だったんですよ。

Ｓａｒｅｅｅ　凄い量を買って行ったのに受け取らないから、殴るしかないなって（笑）。

――残された使い道は殴るしかなかったと（笑）。

世志琥　それがきっかけでシングルをやることになって。１回目にノンタイトルでやったとき、「負けたら私にクッキー作れ！」って言ってきたんですよ。「食いたかったんかい！」と（笑）。

Ｓａｒｅｅｅ　それはね、自粛中にずっと動画を観てたんで、１回は食べてみたかったから（笑）。

「世志琥のレシピ本を見ながら自分でクッキーを作ったんですよ。今度はカレーパンを作りたい」（Ｓａｒｅｅｅ）

――挑発してるんだかなんだか（笑）。

世志琥　ビックリしましたよ。「おまえ、もし試合に負けたらクッキー作れよ！」って言われたのは初めてですからね。そんなこと言ってくるヤツはコイツ以外にいないですよ（笑）。

Sareee　それで私が勝って、ちゃんとクッキーを作ってもらえたんで。もうほかの誰にも作らなくていいから。

――「世志琥のクッキーは私だけのものだ」と（笑）。

世志琥　なんで、そこまで束縛されなきゃいけないんだよ！（笑）。不意を突かれて負けて、クッキーを作るハメになったんですけど。

――屈辱的なクッキングですね。

世志琥　こんなに作っていて楽しくないお菓子作りは初めてでしたね、マジで。

Sareee　でも完璧に作ってきてくれましたね。

世志琥　いやもう、「あんまりおいしくない」とか言われたら超絶ムカつくから完璧になるまで作り直しましたから。マジで時間がかかった。

――食べてみてどうでしたか？

Sareee　めっちゃおいしかった。ヤバかったですね（笑）。

世志琥　そのあとタイトルを懸けてシングルで再戦したんですよ。それで「今度はおまえが負けたらクッキーを作れよ！」ってこっちも言ったんですよ。でも自分で言っておきながら、正直食べたくなかったんですよ。絶対に汚そうで（笑）。

Sareee　汚くない！（笑）。

世志琥　料理のイメージがゼロだし、料理できる人じゃないでしょって。

Sareee　ツイッターを見てよ。「Ｓａｒｅｅｅ'ｓクッキング」を（笑）。

世志琥　調べるわ（笑）。でもお菓子作りなんて絶対できないと思ったし、作ってきても焦げてるか生焼けのどっちかで、食えたもんじゃないものを持ってくるだろうと思っていたんですよ。

――生焼けのクッキーは嫌ですね～（笑）。

世志琥　だから「クッキー作れよ」と言ったはいいけど、もし本当に持ってきたらポイッてしちゃえばいいかなって。そうしたらタイトルを初防衛したあと、自分がＴｉｋＴｏｋを撮っているときに「クッキー焼いてきたよ！」って現れて。どんなクッキーを焼いたのかと思ったら、こんなでっかい「世志琥の顔の1分の1サイズのクッキーを作ってきた」とか言って。

――たまに老舗のせんべい屋にある、でっかいせんべいみたいなサイズですか（笑）。

世志琥　そうそう。でっかいクッキーにチョコペンで顔を描いてきたっていう。

――それはクッキーって言うんですかね？（笑）。

Sareee　クッキーですよ！

世志琥　だけど見たことがないデカさで、ホントに瓦せんべいみたいなんですよ（笑）。

Sareee　瓦せんべい（笑）。でもちゃんと世志琥のレシピを見ながら自分で作ったんで。

世志琥　自分のレシピ本（『世志琥の極上スイーツ作りやがれ！』）をあげたんだよね。「おまえ、これを見て勉強しろ！」と。それを見て作ったらしいんですけど、それで食べたらめっちゃうまくて。

Sareee　いえーい！（笑）。

――見た目は瓦せんべいだけど、レシピのおかげで味はうまい（笑）。

世志琥　だから「ウチのレシピ、凄い！」と思った。Sareeeが凄いんじゃなくて、こういう人でもあのレシピ本を見たら作れるんだなと思って（笑）。

――本の帯に「Sareeeでも作れる簡単レシピ」って入れておいたほうがいいんじゃないですか？（笑）。

Sareee　また作ってあげるからね（笑）。

世志琥　いらねーよ！って言いたいところなんですけど、ホントにおいしかったんですよ。だから自粛中にやっていたことがいろいろ役に立ってきてますね。

Sareee　今度はカレーパンを作りたいですね。世志琥のレシピ本にあったんで。

世志琥　あれ、めっちゃおいしいよ。超カンタンだからさ。

Sareee　作ったら「#Sareeeescooking」でツイッターにアップしよう（笑）。

世志琥　だからそれ、見たことないよ。バズってないでしょ？

Sareee　バズってない（笑）。

世志琥　まったく話題になってないよ。聞いたことないもん（笑）。

Sareee　ひどーい！（笑）。

「いま女子プロレス界で自分たちがいちばん熱いタッグなので、自分たちとやりたい人はいっぱいいると思う」（世志琥）

――さて、プロレスの話に戻りますが、世志琥選手はSareee選手がWWEに行くと決まったときはどう思われましたか？

世志琥　そのときは彼女がシードリングを辞めて、すでにお互い違う場所にいて関わることもなかったので、「ああ、WWEに行くんだ」くらいにしか思っていなかったですね。べつに試合をやりたいとも思っていなかったし、見送るつもりもなかったし。本人が行きたいから行くんだろうなとしか思っていなかったですね。

――ところが、遠くに行くのかと思ったら、なぜかこっちに来たと（笑）。

世志琥　いやもう、ホントに。行く行く詐欺ですから（笑）。

Sareee　詐欺じゃないよ（笑）。

世志琥　でもコロナになる前に自分と闘いたいと言ってくれて、2月に〝最後のシングルマッチ〟になるはずだった試合をやってるんで。そういうところで名前を挙げてくれるっていうのは、自分としてはうれしかったですね。彼女がシードリングを辞めてからはまったく何も関わりがなかったのに、「渡米前にやりたい」って言ってくれたのは正直凄くうれしかったですね。

Sareee　それはやりたいですよ。世志琥に勝ってアメリカに行きたかったんで。

世志琥　そうしたらまだいるからね（笑）。

Sareee　あれがラストのはずだったのに、もうすぐ1年経っちゃう（笑）。

――でも幸か不幸か、WWE行きが延期されたことによってSareee選手への注目度もさらに上がりましたよね。「オニカナ」というタッグチームもできて話題も露出も増えて。

Sareee　ホントにそうですね。

世志琥　渡米が延期になるっていうのは仕方がないことじゃないですか。行きたくても行けない状態ですし。その中でSareeeは、いまできることを最大限やろうとしていて凄いと思いましたね。

――渡米できないかわりに、日本での試合でこれまで以上に注目を集めたわけですもんね。
Sareee それは世志琥っていう相手がいたからでもあるんですよ。自分たちは今年だけでシングルを3回やってますから。そんなことってなくないですか？
世志琥 ないよ。そのうち2回はクッキー作りを懸けて、お互いに作ってるんだから（笑）。
Sareee 1勝1敗だもんね（笑）。
――その後、まさかのタッグ結成ですよね。
世志琥 そうなんですよ。さんざんやり合っていたのに、いきなり「タッグ組もう！」とか頭がおかしいことを言い出して。私は全部振り回されてるんです（笑）。
Sareee でも世志琥はそれについてくるんですよ。
世志琥 振り回されてるんだけど乗っちゃいますね。
Sareee これからも振り回すから（笑）。
世志琥 まさかタッグを組もうなんて言ってくるとは思わなかったから、「ウソでしょ？ 冗談も顔だけにしろよ！」と思って（笑）。
Sareee アハハハハ！
世志琥 でもホントにタッグを組むことになって。「鬼に金棒」なんてダサいタッグチーム名をつけられて、それも浸透しちゃって。
――あっという間に浸透しちゃいましたね。しかも、いまは「オニカナ」って略称で呼ばれていて。
世志琥 それくらいウチらのタッグチームに対するお客さんの期待値が高いんだなと思って、じゃあ、もうやるしかないよねって。そうしたら「やるならタッグのタイトルを狙う」ってまた急に言ってきて。
Sareee そうそう。「ベルトがほしい！」ってね（笑）。
世志琥 「おまえさ、アメリカに行くんじゃなかったっけ？」みたいな（笑）。渡米を理由にシングルマッチをやれって言われて、そのあと今度は一緒にタッグのタイトルマッチをやれって言ってきたんで「コイツ、マジでやべえな……」と思ったんですけど、頭の中を整理したらめちゃくちゃおもしろい展開じゃないですか。
――ありえないはずのことが連続で起きているわけですもんね。
世志琥 いろんなことが停滞しがちなコロナ禍での時間が、こんなに濃密になるとは思いませんでしたよ（笑）。
――世の中がコロナで気落ちしているなか、オニカナは完全に〝コロナハイ〟ですもんね（笑）。
Sareee コロナハイですね（笑）。
世志琥 自分たちがそういう元気を届けていきたいし、届けられる存在でありたいですね。
――オニカナの試合は、なんか毎回多幸感が溢れていますよ（笑）。
世志琥 ホントにいまはうまくいってますね。すべてが自分たちに味方してくれている感じで。

Sareee　うん、たしかに。

――流れが来てるなと。

世志琥　来てますね。もう絶好調です。

――タッグを組んでからはさまざまな団体で試合が決まり、年の瀬にスケジュールがビッチリですもんね。

世志琥　やっぱり、いま女子プロレス界で自分たちがいちばん熱いタッグだと思うので。自分たちとやりたい人はいっぱいいいるんじゃないかなって思いますし、自分たちもいつでも行ける準備はできているし。

「やっぱり世志琥と一緒に行きたいな。オニカナでWWEに上がったら最高じゃないですか」（Sareee）

――これからどうしていきたいっていう展望はありますか？

世志琥　やっぱり、いつSareeeがいなくなるのかわからないですし、正直先が読めないんですよ。ウチらはいまタッグチャンピオン（BEYOND THE SEA TAG TEAM）ですけど、コイツがアメリカに行くとなったらタッグはどうなるのってなるし。「じゃあ、ウチもアメリカに行く？」みたいになっちゃうじゃないですか（笑）。

Sareee　世志琥ちゃんも来ればいいんですよ。あっ、そんなこと言ったらダメか（笑）。

世志琥　それはヤバイね（笑）。

Sareee　シードリングに申し訳ないからやめましょう（笑）。

世志琥　ホントにいつどうなるのかわからないタッグチームだと思うんですよ。だからこそ、Sareeeがいるうちに伝説を作りたいなと思っていて。だから、ふたりでいい話題をどんどん振りまいていくことが、いまやるべきことなんじゃないかなって。

――アメリカの状況次第で、いつ最後のタッグになってもおかしくないわけですもんね。

世志琥　もう行くことは確定しているんで。

Sareee　でもホントにどのタイミングで行くのかわからないんですよね。

世志琥　もう行かないんじゃないの？（笑）。

Sareee　行かないのかなー？（笑）。

世志琥　行かなきゃヤバイでしょ（笑）。

Sareee　でも考えても仕方がないので、いまやれることをやっていきたいですね。自分らがタッグを組むなんて誰も思っていなかったし、自分たち自身も思っていなかった。でも、そんな存在だったのに、いざタッグを組んだら凄く手が合ったんですよ。自分にはこれまでタッグパートナーっていなくて、いつもシングルでやってきたんですけど、組んでからタッグのおもしろさに気づかされたし。それを気づかせてくれたのが、まさかの世志琥だったっていう。ホント必然だったんじゃないかと思いますね。

――女子プロレス界の伝説のタッグチームであるクラッシュ・ギャルズも、もともと考え方から何から全然違ったのに、シングルでやり合ったあとに組んでみたら、最高のタッグになったのにも似てますね。

Sareee　クラッシュ・ギャルズもそうなんですね！　自分らもせっかく注目されているので、ふたりでプロレス界に伝説を残したいんですよ。それがどういう形になるかはわからないけど、いまやるべきことを一生懸命にやっていれば自分たちも結果がついてくると思うので、しっかりがんばりたいと思いますね。

――これから試合だけじゃなく、いろんなオファーが来そうな感じもありますしね。

世志琥　こっちはドンと来いですよ。

Sareee　怖いものがないからね、ウチらは（笑）。

――世志琥選手は将来的に海外という考えはいまのところないですか？

世志琥　コロナもありますし、いまの状況では考えられないですね。それまで海外自体、あんまり考えたことなかったんですよ。でもSareeeがアメリカに行くって聞いてからはちょっと意識はします（笑）。

Sareee　やっぱり一緒に行きたいな。オニカナでWWEに上がったら最高じゃないですか。自分たちがチャンピオンですから（笑）。

世志琥　ヤバイね。自分たちがチャンピオンに決まってんじゃん（笑）。

Sareee　世志琥は英語ペラペラだし（笑）。

世志琥　アッポー！　くだもの系はオッケーです（笑）。

――くだもの系はオッケー（笑）。ところでSareee選手は英語のほうは大丈夫ですか？

世志琥　この人はヤバイですよ。普段会話してるときに急に英語で話してくるもんね。「世志琥、シッダウン！」って（笑）。

Sareee　「シャラーップ！」ってね（笑）。

世志琥　「おまえがシャラップだよ！」って（笑）。

Sareee　あっ、意味知ってるんだ？

世志琥　それぐらいは知ってるよ！　バカにしすぎですよね、マジで（笑）。でも英語はともかく、向こうに行ったら行ったで彼女はどうにでもなれると思うんですよ。

Sareee　なれるかな？

世志琥　なれる、なれるよ。

Sareee　がんばります。でも、世志琥ひとりを置いていくのは心配ですね（笑）。

世志琥　なんでだよ。逆にこっちが心配だよ！（笑）。

「ウチらは『KAMINOGE』の表紙も狙ってるんで。週プロの表紙になったときはコンビニで買い占めましたから」（世志琥）

——普通はひとりで海外に行く人を心配しますよね（笑）。

世志琥　なのに、なんでウチのことを心配してんだよ。逆だろ（笑）。

Sareee　でも世志琥は意外と私生活とかでもめっちゃ助けてくれたんですよ。

世志琥　えっ、何か助けた？

Sareee　今日もいま着ている赤のライダースジャケットをプレゼントしてくれて。意外とやさしいんだなって。

——赤と黒の揃いのライダーズで、タッグチームらしくて素晴らしいですよね。

Sareee　こんなにやさしい人だって知らなかったですよ。

世志琥　そりゃそうだろ。いままでバチバチでやってたんだから。バチバチやってる相手にプレゼントしねえよ（笑）。

——世志琥選手はこのギャップが人気の秘訣ですかね。

Sareee　そうですねー。

——オニカナはまだ組み始めたばかりですけど、来年は何かしらの賞を獲りそうですよね。

世志琥　いや、今年狙っていますよ。シングルもタッグも全部狙っています。

Sareee　今年の女子プロレス大賞は世志琥しかいないでしょ。

世志琥　もちろん東スポの女子プロレス大賞を狙っているし、タッグも狙っているし。ぶっちゃけいないと思うんですよね。タッグも自分たち以外には。

——組んでまだ期間は短いですけど、たしかにタッグチームとしてここまで注目されたのは、男子含めてほかにいないかもしれないですね。

世志琥　組んですぐに注目されて、週プロで表紙にもなっていますからね。注目度、話題性でいえば自分たちしかいないと思うので、全部狙っていきます。

——これを収録している時点では2020年のプロレス大賞はまだ発表されていませんけど、期待したいですね。

世志琥　あとウチらは『KAMINOGE』の表紙も狙ってるんで。よろしくお願いします！（笑）。

Sareee　表紙、お願いします！（笑）。

——おっと、「表紙、お願いします」のツープラトン攻撃（笑）。

世志琥　オニカナが表紙になったら、ウチらめっちゃ買いますから。だって週プロの表紙になったときもウチらはコンビニで買い占めましたからね。

Sareee　ねっ。コンビニを見つけるたびに入って行って。

――それだと一般の人が買えなくなるじゃないですか（笑）。

世志琥　だからウチらが寄ったコンビニにはもう週プロがないっていう（笑）。それぐらいうれしかったんですよね。自分らが表紙になった雑誌が店頭に並んでるっていうのが。だから『KAMINOGE』でも表紙になれるようにがんばりますよ。

Sareee　絶対なりたいね。

世志琥　なりたい！

Sareee　1月号に振り袖とかどうですか？

――そんな企画の提案まで（笑）。

Sareee　振り袖って成人式でしたっけ？　じゃなかったら、着物でコウメ太夫みたいなメイクするとか（笑）。

世志琥　人力車とか乗ったらよくないですか？

Sareee　めっちゃいい！

世志琥　もう、ぜひやらせていただきたい（笑）。

――お話は編集部に持ち帰らせていただきますので（笑）。でもホントにこれから期待してますよ。

Sareee　期待してください！　いろんなことをやっていきたいです。

世志琥　みんなに応援してもらってるんで、人のためになるようなこともやりたいですね。コロナが終息したら施設を回ったりとか。

Sareee　それ、いい！

――それこそ、世志琥選手の手作りスイーツとか配ったらよろこばれそうですよね。

Sareee　世志琥は作る人、私は配る人で（笑）。

世志琥　おまえだけいい顔してんじゃねーかよ！（笑）。

――これからの活躍に期待してます！（笑）。

世志琥（よしこ）
1993年7月26日生まれ、東京都葛飾区出身。プロレスラー。SEAdLINNNG所属。
スターダムに入団し旗揚げ戦となった2011年1月23日、美闘陽子戦でデビュー。同年12月、『ルーキー・オブ・スターダム2011』で優勝し初代新人王となる。第2代ゴッデス・オブ・スターダム王座、第4代ワールド・オブ・スターダム王座を獲得するなど活躍するが、2015年5月に引退を発表。2016年2月1日付でSEAdLINNNG所属となり現役に復帰。プロレスだけでなく韓国「ROAD FC」でMMA2連勝を果たすなど大活躍。2020年、新型コロナウイルスによる興行自粛および自宅待機期間を利用して、お菓子作りやあゆ風メイクの動画などをTwitterやTikTokに投稿し、これが大ブレイク。リング上でもSareeeとのタッグ「鬼に金棒」で暴れ回っている。

Sareee（サリー）
1996年3月31日生まれ、東京都板橋区出身。プロレスラー。
小学生の頃からプロレスラーになる目標を持ち、NEO女子プロレスへの入団を志望していたが、同団体が解散してしまったため井上京子に師事して、2011年2月10日、ワールド女子プロレス・ディアナのプロテストに合格する。同年4月17日、里村明衣子戦でデビュー。WWWD世界シングル王座やセンダイガールズワールドシングルチャンピオンシップを戴冠するなどその実力者ぶりをいかんなく発揮。2020年2月29日をもってディアナを退団し、活動拠点を海外に移すことを表明。WWEと契約してデビューに向けてトレーニングに励んでいたが、新型コロナウイルス感染拡大により渡米が延期。現在、SEAdLINNNGで世志琥とのタッグ「鬼に金棒」でブレイク中。

プロレスがわかれば世の中が、
そして世界が見えてくる。

活字と映像の隙間から考察する

斎藤文彦×プチ鹿島

プロレス社会学のススメ

撮影：タイコウクニヨシ　司会・構成：堀江ガンツ

第9回

プロレスから学んだマイノリティの意識

先日、NIKEが発表したコーポレートCMが反響と批判を呼んだ。

日本に向けたその内容は、日本国内でマイノリティとして生きる、在日や黒人の子どもたちが日本人からいじめや差別を受けているというニュアンスの描写があり、「日本人を貶めるCMだ」と騒ぎ立てる人たちが出てきたのである。

「ヘイト、あるいはヘイトスピーチの定義というのは、自分の意思だけでは変えられない属性に対する攻撃のこと」（斎藤）

――2020年、年内最後の収録になるわけですが、今年の春に連載開始したこの『プロレス社会学のススメ』は早くも大人気なんですよ。

鹿島　ありがとうございます。毎回お話させていただいていると、いかにプロレスが社会と地続きかっていうことがわかりますよね。

斎藤　このコロナ禍の真っ只中という揺れ動く時代に連載開始した、ということにも意味があると思います。

――2020年を振り返ると、テニスの大坂なおみ選手の活躍で日本でもBLM運動が話題になりましたよね。黒人差別の問題って、日本人だとピンと来ない人も多かったとは思いますけど、変な話、ボクはプロレスファンとしてなんだか他人事じゃない気がしたんですよ。子どもの頃、プロレスファンというだけで無意識の差別みたいなものを受けていたぞって（笑）。

鹿島　なるほど。70～80年代というボクらの子どもの頃は、プロレスがテレビのゴールデンタイムで毎週放送されていて全国的に凄く人気がありましたけど、一方で、その引き換えに通りすがりの愛のない人が平気で「こんなもんはインチキだ」って言っていた時代でもあったんですよね。プロレスに対する蔑みみたいな。

――プロレスに対する〝ヘイトスピーチ〟を、学校なんかでもしょっちゅう浴びせられてましたよね（笑）。

鹿島　だから言ってみれば、少数派、マイノリティの立場というものを、子どもの頃に「プロレスファン」ということで体験しているわけですよね。

斎藤　差別されちゃう側として、ですね。プロレスが「取るに足らないどうでもいいもの」として片づけられる場面は、いまよりずっと多かったと思います。

鹿島　ボクはあの頃からのプロレスファンだからこそ、そういった少数派を蔑むような態度はやめようって思えたので、それはよかったと思うんですよね。そして90年代に入るとプロレス界は多団体時代に突入したじゃないですか。あの頃、価値観の多様性というものを学べたと思うんですよ。

——プロレスファンとして、マイノリティである自分と、多様性の尊さを同時に体験することができたと。

鹿島　そうなんです。だからボクなんか最近、「こういうことがまだセンシティブな話になってるのか」というのを、プロレスファンだからこそひしひしと感じていたりもするんです。たとえば最近だと、NIKEのCMが賛否両論あったりとか。

——差別やいじめの問題を考えさせるようなCMですよね。

鹿島　NIKEは以前も大坂なおみ選手を応援した素晴らしい広告を出していて、今回も企業として意見を出しているんですけど、そうすると「日本人はみんな差別していると言うのか？」みたいな意見が出てきてしまう。

斎藤　あのCMには、在日コリアンやアフリカンの出自を持つ混血の日本の子どもたちが学校や町中で受けているいじめや差別の現実が誇張なく描かれていたと思うんですね。実際、こういうことがあるんだろうなって。

鹿島　学校で生活しているなかで少数派の側から描いたCMですよね。でも、あれに対して「日本を陥れるCMだ！」「もうNIKEは買いません！」みたいなことが、ツイッター上にはあふれていた。

斎藤　あれは炎上の仕方が異様な感じがしましたね。「これは日本人ヘイトだ！」と言った人がいましたけど、そもそも「ヘイト」という言葉の定義さえ間違えている人が多いわけです。ヘイト、あるいはヘイトスピーチっていうのは単に罵詈雑言や悪口という意味ではなくて、自分の意思だけでは変えられない属性に対する攻撃のことなんです。肌の色だったり、セクシャリティ、つまり性的指向、性的自認に関することであったり。日本では特に在日という出自に関すること、民族的バックグラウンド、被差別部落の問題に関することなんです。

——多数派が、少数派の自分の意思だけでは変えられない属性を攻撃することですね。

斎藤　だから、たとえ日本人が日本人（のある価値観）を揶揄したとしても、それはヘイトにはならなくて「このCMは日本人ヘイトだ！」って文言がそもそも間違えてる。

鹿島　だから「日本人」という大きな枠と、自分という「個人」が一緒になっちゃっているんですよね。主語がでかい。あのCMはべつに日本人を否定しているわけじゃなくて、「ボクらは普通に生活をしていて、マイノリティ側からの視点は足りていなかったな」とか、どうしても他人事になってしまうっていうことを啓発するものじゃないですか。「こっちの見方を忘れないようにしようね」っていう。

斎藤　それはアメリカだったら小学生のときに習うことですよ。同じ学級に肌の黒い人もいれば、ネイティブ・アメリカンもいる。南米系のヒスパニックもいるし、我々のようなアジア系の人もいる。子どもの頃に「肌の色で差別、区別をしてはいけません」っていうのは、学校生活、日常生活のイロハのイとして学ぶことです。

鹿島　だから、あのCMを見て「NIKEはもう買いません!」って言っている人たちっていうのは、自分は絶対に差別する側や加害者側にはならないんだっていう無意識のうぬぼれですよ。

斎藤　そういう意味で、「子どもの頃からプロレスが好きだったから、自分は差別される側にいた」っていうのは、人によってはずいぶん飛躍した話だと捉えるかもしれないけれど、少なくとも差別される側の気持ちが、そういう人たちよりはわかるという部分はあると思うんです。

鹿島　「これって自分があの頃に言われた立場に似てるな」って考えるきっかけになったとすれば、かならずしもオーバーじゃない話だと思うんですよ。

斎藤　日本って、アメリカよりもプロレスというジャンルの社会的ステータスがずっと高かったんですね。地上波ネット局のテレビのゴールデンタイムで毎週放送されていて、力道山の時代から高度経済成長の時代を通じて国民の大多数が馬場さんや猪木さんといったプロレスラーのことをよく知っているなんて、アメリカでは考えられないこと。それでいながら、近所のおじさんから学校の先生まで、プロレスファンの少年に対して平気で「あんなもんは八百長だ」って言っていたんですよね。

――ボクは学校の先生が授業中に突然プロレスの話をし始めて、「あんなものは八百長だからな、堀江!」って、名指しで言われたことがありますからね(笑)。

斎藤　だから「そういうものが好きなおまえはバカだ」みたいな意味でね。昔のプロレスファンは、多かれ少なかれ、そういう経験を何度もしていると思う。

鹿島　だからボクはプロレスでそういう思いを味わったので、自分の知らないもの、興味がないものでも「あんなもんは」って言わないようにする。そういうことを学べたのでよかったですよ。

「黒人レスラーの異名にはみんな〝黒い〟が付いていたという過去を学んだ上で、アップデートしなきゃいけない」(鹿島)

――昔のプロレスファン同士の仲間意識って、そういう「同じ境遇にあるもの同士」ということでシンパシーを感じていた部分があると思いますからね。

鹿島　いまの日本でも、ジャンルのマイノリティの人ってそういう思いだと思うんですよ。だからあのNIKEのCMが描いていることは他人事じゃないんです。

斎藤　あそこにもある、ここにもある現実ですね。

鹿島　これをプロレスというジャンル内でいうと、黒人レスラーにも差別と闘ってきた歴史ってあったんじゃないですか？　下世話な話で言うと、ディック・マードックが黒人レスラーが嫌いで絡みたがらなかった、みたいな話がありましたよね。

斎藤　それは活字を通じて伝えられたことで、どこまでが事実だかはわからないんですけどね。ディック・マードックが公の場で「ニガー」という差別語を使ったわけではないし、「俺は黒人が嫌いなんだ！」っていうことをメディアで公言していたわけでもないんです。ただ、やっぱり南部テキサスの人ですからね、真相はどうだったのかはわかりません。

鹿島　マードックが生きていたら、おそらくトランプに1票入れてましたよね（笑）。

——赤い帽子を被っている姿が想像つきますね（笑）。

斎藤　KKKに知り合いがいたとか、そういう噂は実際あったんですが、ボクも怖くて、マードック本人にそこまでは聞けなかったんですけど（笑）。

——「KKKに入会しているという噂がありますが」って、なかなかプロレスのインタビューでは切り出しにくいですもんね（笑）。

斎藤　それから、マードックとブッチャーが不仲だから同じシリーズに呼べないっていう定説みたいなものもたしかにありましたけど、全日本プロレスの1975年の「オープン選手権」にはふたりが同時に来日していて、リング上で絡んでいるんです。

——その後、新日本で一度だけシングルマッチをやっているんですよね。

鹿島　その前に、1981年の「闘魂シリーズ」で、ブッチャーが対戦相手としてマードックかディノ・ブラボーのどっちを選ぶかっていう場面があって。観客はみんな「マードックとやれ！」って言ってるのに、ブッチャーはディノ・ブラボーを選んで、みんな「え～～！」ってなったときもありましたよね。

——だから1975年の「オープン選手権」でブッチャーとマードックの不仲を察した馬場さんは、その後、ふたりを同じシリーズに呼ばないようにしたけど、80年代に入りマードックとブッチャーを引き抜いた新日本は逆に「仲が悪いなら、ふたりを闘わせよう」となったんじゃないかと思うんですよ（笑）。

鹿島　試合が壊れるかもしれない刺激的なカードだって。当時の新日本ならやりそうですね（笑）。

斎藤　それでも僕は、活字的なストーリーに尾ひれがついたっていう部分が大きいと思いますけどね。

——まあ、1シリーズ、同じバスで日本全国を回っているわけですもんね。

鹿島　今日はボクが小さい頃に読んでいた、子ども向けの『プロレス百科』を持ってきたんですけど。たとえば「黒い軍団」とか「黒い魔神」とか「黒い呪術師」とか、黒人レスラーにはみんな「黒い」が付いてるんですよ。

斎藤　いまでは活字的に表現しにくいものがありますよね。比較的現代に近い第二次UWFでも、ノーマン・スマイリーを「黒い藤原」と呼んでいたり。

鹿島　そういう過去があったことを学んだ上で、アップデートしなきゃいけないですよね。

斎藤　日本人の感覚からすると、アメリカには黒人がもの凄くたくさんいると思われていますけど、やはり白人と黒人が同数いるわけじゃないんですよ。白人人口が8に対して黒人人口は2くらいの割合でしかないので、数の上でもマイノリティではあるんですよね。それでアフリカ系アメリカ人というのは、ご先祖様が奴隷だったりしたわけじゃないですか。

――もともとアメリカ大陸にアフリカ系黒人はいないわけで、みんな奴隷として連れてこられた人ですもんね。

斎藤　約200年前まではみんなそうで、日本に置き換えると江戸時代です。だから、先祖といってもたかだか7～8代くらい前なんですよ。

――では、黒人レスラーの歴史もそんなに古くはないってことですよね。

斎藤　黒人レスラー第1号ではないけれど、最初に黒人レスラーとして有名になったヴァイロ・スモール（ブラック・サム）っていう人がいて、彼は1880年代のスターなんです。

――19世紀末からアメリカに黒人レスラーはいたんですね。

斎藤　生まれたのは1854年と言われています。

――黒船が浦賀に来航した頃ですね（笑）。

鹿島　そう言われると、凄い時代からいたんですね（笑）。

斎藤　南北戦争があったのは1861～1865年なので、ヴァイロ・スモールが少年時代に奴隷解放の戦争があった。それで16歳のときが1870年なので、南北戦争は終わって奴隷制度が撤廃されたあとですが、16歳でブラスナックル（素手）のボクシングでデビューして、それからカラー・アンド・エルボー、いわゆるロックアップのルーツになっているレスリングに転向して相当活躍した人なんです。

――そのヴァイロ・スモールが黒人レスラーの先駆けだと。

斎藤　31歳くらいで引退しているので、たかだか15年のキャリアだったんですけど。その後、次の黒人レスラーが出てくるまでにはかなりの時間を要したんです。

鹿島　それはなぜなんですか？　第1号が現れたら、次々と出てきそうなものですけど。

斎藤　ひとつの理由として考えられるのは、レスリングが主に北部で盛んな競技だったという史実も関係しているんです。

「ボボ・ブラジルはテレビ時代の黒人スター第1号と言っていい選手。そして絶対的なベビーフェイスだった」（斎藤）

――南部と北部の文化の違いもあったと。

斎藤　そうなんです。基本的には殴り合いのボクシングは黒人選手が比較的多いんですけど、ヨーロッパ系のスポーツである水泳やレスリングには、なかなか黒人選手が出てこなかった。それもきっと差別なんでしょうけど。いま、50～60代の日本人が子どもの頃に、ミュージシャン以外で最初に知った黒人って、ボボ・ブラジルだと思うんですね。

鹿島　きっとそうでしょうね。

斎藤　ボボ・ブラジルは、1951年デビューだから、ヴァイロ・スモールが活躍してから70年以上経っているんです。ブラジルとほぼ同世代で〝セーラー〟アート・トーマスとか、ドリー・ディクソン、ルーサー・リンゼイ（日本でのカタカナ表記はルッター・レンジ）らもいたことはいたんですけど、凄く少なかった。各テリトリーにひとりいるかいないかでしょう。

鹿島　マイノリティもマイノリティですね。

斎藤　いまはWWEにもたくさんいますよね。MVPの軍団でシェルトン・ベンジャミン、ボビー・ラシュリー、セドリック・アレクサンダーがいて、そのライバルがビッグE、コフィ・キングストン、エグザビア・ウッズのニューデイ、24／7チャンピオンのR・トゥルース。RAWタッグ王者のストリート・プロフィットのふたり。女子部門ではサーシャ・バンクスがスターです。

――黒人対黒人の軍団抗争ができるぐらいいると。

斎藤　アフリカン・アメリカンっていうカルチャーで言えば、ロック様（ドゥエイン・ジョンソン）も黒人レスラーのカテゴリーに入っているんです。そして日本でいちばん有名な黒人レスラーのアブドーラ・ザ・ブッチャーは「スーダン出身」ということになっているので、黒人ではあるけどアメリカンとは違うギミックになっている。

――日本みたいに、大雑把に「黒い」で括らないわけですね（笑）。

斎藤　ボボ・ブラジルと並ぶスーパースターで、忘れちゃいけないのが、ベアキャット・ライトとアーニー・ラッドですね。

鹿島　アーニー・ラッドの話でいうと、ボクの記憶ではジャイアント馬場＆ジャンボ鶴田vsアーニー・ラッド＆ブルーザー・ブロディという試合があって、ラッドのほうがブロディより格上のような気がしたんですよ。

斎藤　それはラッドのほうが歳上でキャリアもずっと上で、NFL出身だからでしょうね。

鹿島　あー、なるほど。

斎藤　ラッドはWWE殿堂入りしていますけど、アメリカンフットボールでもホール・オブ・フェイムですから。

鹿島　日本で考えるよりも、向こうでは遥かにスーパースターなんですね。

斎藤　格は凄いですよ。ブッシュ大統領のスピーチの中で名前が出てくるくらい有名ですから。日本で言うと、大相撲の横綱くらいです。超メジャーなアスリートなので、どこに行ってもメインイベントしかやらない人でした。

――黒人レスラーは、アメリカマット界の歴史において、どのように地位を築いていったんですか？

斎藤　先ほど言ったように、1861年～1865年の南北戦争がきっかけで奴隷解放がなされたわけですけど、それから100年経っても、バスケットボールやフットボールのアリーナ、スタジアムで黒人が座れる席と白人が座れるセクションが完全に分けられていたんです。ボボ・ブラジルがスーパースターになったあとも「このホテルは宿泊できません」「このレストランは黒人は入ってはダメ」とかね。だからこそ1960年代の公民権運動があった。それを快く思わない白人男性にマーチン・ルーサー・キング牧師が殺されてしまうわけですけど。その時代をモロに生きていたのが、ボボ・ブラジルであり、ベアキャット・ライトだった。また、差別に反対するデモ活動などに実際に参加した、サンダーボルト・パターソンっていうレスラーもいましたね。

――当時、アメリカマット界でボボ・ブラジルはどんな立場だったんですか？

斎藤　ボボ・ブラジルのステータスは高かったと思うんです。どこに行ってもメインを取っていたし、バディ・ロジャースvsボボ・ブラジルのタイトルマッチでブラジルが幻のNWA

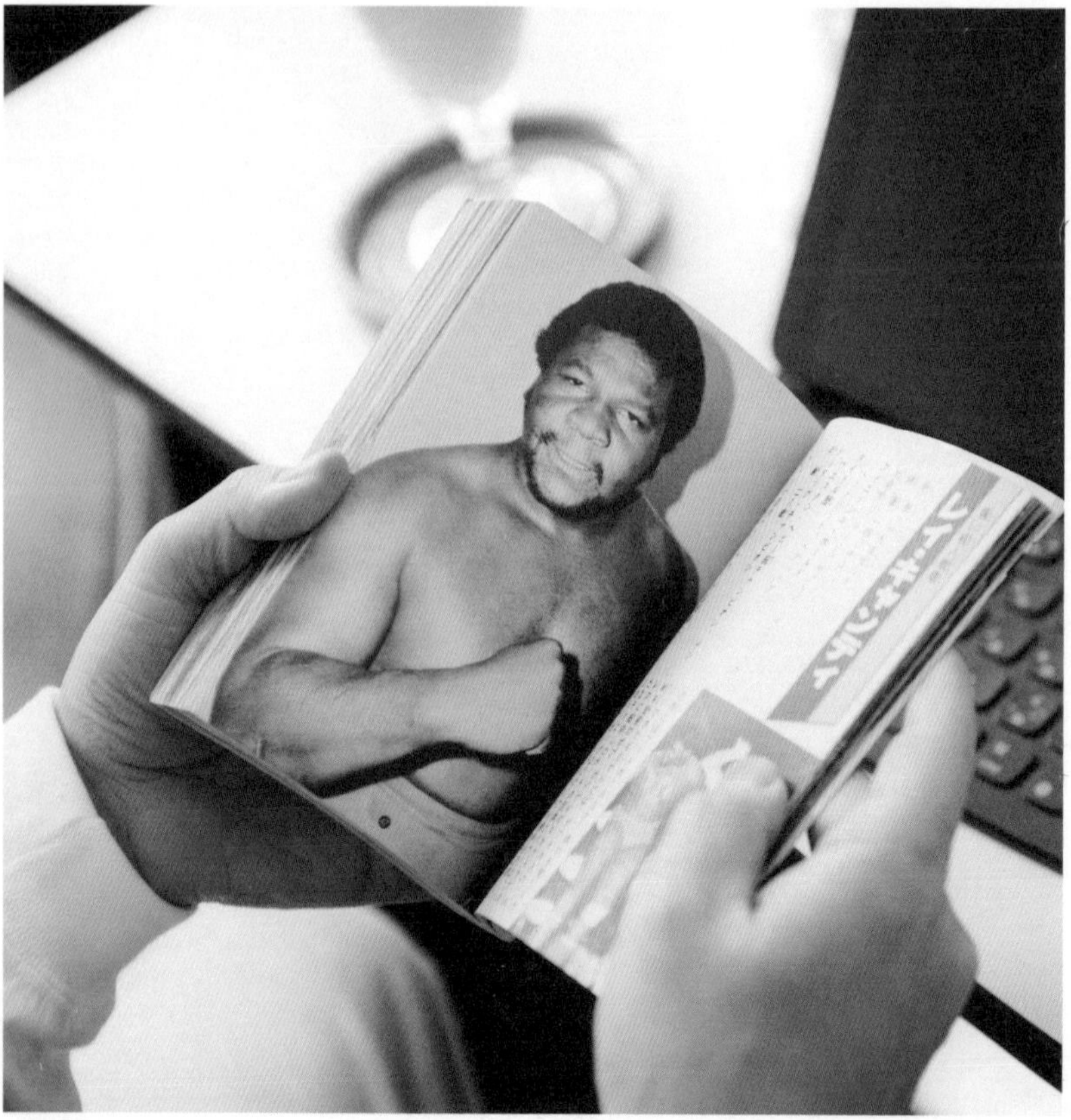

世界チャンピオンにもなったことがあった。また、アメリカの黒人人口は圧倒的に南部に集中しているんですけど、ボボ・ブラジルにかぎっては、ザ・シークvsブラジルの因縁ドラマが北部のデトロイトで60年代から80年代まで30年も続いて、ブラジルが絶対的なベビーフェイスだったんです。

鹿島　あっ、そうなんですか。デトロイトはシークのお膝元というイメージですけど。

斎藤　シークはデトロイトのプロモーターなんですけど、ずっとその事実を公開しないでやっていたんです。シークはマイクアピールすら1回もやらない大悪役。ただただ怖い〝アラビアの怪人〟を演じ続けた。

鹿島　長年、自分がプロモーターであることも明かさず、生涯ヒールだったのは凄いですね。

斎藤　会場で売られるプログラムには、奥さんのお父さんの写真を「社長」として載せていたんです。そうやって一座を率いていた。

鹿島　遠山の金さんみたいな（笑）。

斎藤　そんな感じですね。そしてボボ・ブラジルは、テレビ時代の黒人スター第1号と言っていい選手。ベースボールでは1950年代まで、ニグロ・リーグという黒人だけのリーグがあって、白人プレイヤーと黒人プレイヤーを分けていた時代があった。プロレスもテレビ放送が始まったあとでさえ、白人対黒人の試合っていうのはちょっとプロデュースしにくい面があったのでしょう。

「シンがデトロイトではベビーフェイスだったって、いまならSNSですぐに情報が広がりますよ」（鹿島）

――ボボ・ブラジルが出てきた時代でもそうだったんですか。

斎藤　それでありながら、なぜシークvsブラジルが30年続けられたかというと、黒人のブラジルが一貫してベビーで、悪いのは中東系のシークという形だったからなんです。当時のアメリカにおいて、黒人のヒールというレイアウトは、差別を煽る結果になる危険性もあってプロモーターがちょっと躊躇するところではあったんです。

――なるほど。ベビーとヒールという構図を超えて、観客に火がつきすぎるというか。シャレにならないと。

斎藤　まあ、シャレにならないですよね。だから公民権運動のあとでさえ、南部テネシーあたりでは白人対黒人のマッチメイクをせずに、いい黒人対悪い黒人のカードにするって変なバランスをとって、かつてはニグロチャンピオンシップっていうタイトルまであった。そんないびつな平等だったんですね。

鹿島　白人には白人の、黒人には黒人のタイトルがあることが平等だと。

斎藤　戦後、1947年にジャッキー・ロビンソンがメジャーリーグで先に登場するじゃないですか。

――黒人初メジャーリーガーですね。

斎藤　ベースボールが人種の壁を破ったということで、他のスポーツも右にならえで白人と黒人が同じリング、フィールドにいるっていうシチュエーションが増えていったんです。

鹿島　プロレスはそういう社会情勢がモロに反映されますよね。

斎藤　ボボ・ブラジル本人がそのムーブメントの指導的立場にあったわけではないでしょうけれど、彼を応援していた政治的グループが全米黒人地位向上協会（NAACP）に訴えたんです。「ブラジルの扱いはひどいよ」ということで。ブラジルのためだけではないけれど、ワシントンDCで人種差別反対のデモがあったことは事実なんです。誰かが風穴を開けるしかないですからね。

鹿島　ボボ・ブラジルがスターだったからこそ、プロレス絡みのそういった運動のアイコンになったわけですね。

斎藤　そうなんです。ボボ・ブラジルは、大衆娯楽のスターとしてもの凄く有名だったので。ベースボールはジャッキー・ロビンソンだけど、テレビで人気があるプロレスという労働者階級向けのエンターテインメントではボボ・ブラジルだと。この「ボボ・ブラジル」というリングネームがそもそも差別的ではあるんです。「ボボ」っていうのが「クロちゃん」っていうニュアンスなので。しかもこの人はブラジル人じゃないでしょ?

――「ブラジル」っていう名前は「差別のないブラジルという国に憧れて」っていう話もありますもんね。

鹿島　じゃあ、黒人であることのアイデンティティを複合的に取り入れたリングネームにしているんですね。

斎藤　本名はヒューストン・ハリス、もともとミシガン州ベントンハーバーの果樹園でトラクターを運転していた人なんです。だからブルーカラーですよね。でもシークさんに聞いたら、彼らは親友同士なんですよ。

鹿島　30年も抗争を展開するほど手が合ったということですもんね。

斎藤　ボクが1994年にサブゥーを訪ねてミシガンに行ったとき、シークさんの家にもお邪魔させてもらったら、「今日は持病のヒップが痛いから来られないんだけど、そうじゃなかったらボボも来て一緒にメシを食うはずだったんだよ」って言ってましたから。当時、シークとブラジルは70歳くらいですよ。お互いの家を行き来していたんですって。

――ボボ・ブラジルがベビーでシークがヒールっていうのは、シークが典型的な白人のアメリカ人ではなく、アラビア人というキャラクターだったからでもあるんですか？

斎藤　それもあると思います。シークさんは作られたアラビア人ではなく、お父さんとお母さんはシリアの人なので本物なんです。実際に家の冷蔵庫を開けさせてもらったらキビっていうレバノンの食べ物とか、シリアのパンだったり、種類の違うグリーンオリーブ、酸っぱいヨーグルト、そういうエスニックな食材ばっかりが入っているんですよ。家で食べるものは、ほとんどアラビアの食べ物で。

――では、黒人スターのボボ・ブラジルがベビーで、本物のアラブ系であるシークがヒールをやって、何十年もデトロイト地区を盛り上げてきたわけですね。

斎藤　ずっと同じ人がメインを張るっていう意味では、アメリカのプロレスの成り立ちとしては正統性が高くて、そこではボボ・ブラジルが主役だったってことですね。ブラジルは世界チャンピオンにはなっていないんですけど、USチャンピオンとして活躍した。「USチャンピオン」っていう表現は、アメリカ人には「世界チャンピオン」に聞こえるんです。

――アメリカ各州が〝国〟であり、合衆国が〝世界〟という感覚なんですよね（笑）。

斎藤　ちなみに、タイガー・ジェット・シンは、デトロイトではベビーフェイスだったんです。日本に来たときは、シークのスタイルを完全コピーしてヒールをやっていましたけど、デトロイトのリングではいい者のインド人なので。

鹿島　いい者のインド人（笑）。

斎藤　だから「ベビーをやっているところは日本の雑誌には絶対に載せるな！」と言ってましたね。そして日本で猪木さん相手にヒールをやっているシンの姿をビデオで観たシークさんは、鼻で笑っていたんですよ。シークさんの完コピだったので。

鹿島　なるほど。これがいまだったら「日本の雑誌に載せるな」と言っても国境とか関係なくSNSで情報が広がりますからね。やっぱりその土地によって使い分けるっていうのはいいですね。

斎藤　天下のWWEのルーツは、ビンス・マクマホン・シニアのWWWFだといわれてますよね。実際はその半年くらい前にWWWAというプロトタイプがあったんです。NWAが枝分かれして、世界チャンピオンのバディ・ロジャースがなかなか東海岸に来なかった頃、東海岸にもチャンピオンを作ってツアーをする組織として、1963年にWWWAを立ち上げて、その初代チャンピオンが黒人のドリー・ディクソンだったんです。だから黒人を主人公にするということは、そんなにハードルが高くなかったというか、プロモーターからすれば観客動員力があれば白人でも黒人でもそういう部分での偏見はなかった。どちらかといえば、黒人はベビーフェイスで使ったほうが、使い勝手がよかったんです。先ほども言ったとおり、ヒールだとちょっとシャレにならない、というのもあって。

「悪いヤツは民族に関係なく悪いし、肌の色がなんであってもいい者はいいっていう。それがあるべき姿」（斎藤）

——その黒人がベビーフェイスのスターをやっていたというのは、当時のアメリカのプロレス界は、いわゆるマイノリティや、あるいはやや生活水準の低い人たちがアリーナに来ていたっていうのもあるんですか？

斎藤　まあ、それはあったでしょうね。プロレスが、ブルーカラーのエンターテインメントであることはたしかなので、デトロイトでいえば、黒人のベビーフェイスであるボボ・ブラジルとアラビア人のシークの試合をほとんど1年中やっていたんです。毎週金曜の夜にそれをやって、毎回1万人入っちゃう。

鹿島　凄いなー（笑）。

斎藤　デトロイトでは毎週金曜にコボ・コンベンションセンターに行くっていうプロレスファンの生活習慣があったんです。

——日本でも昭和の時代は、毎週のように野球場の外野席に行っていた人がいたのと同じですね。

斎藤　そんな感じだと思います。プロ野球だって行く人は毎週のように行くもんね。

——仕事が終わってから飲み屋に行くのと一緒だっていう。

斎藤　アメリカのプロレス会場も大人はでっかいカップでビールを飲んで、子どもはコカ・コーラ。それでポップコーンやホットドッグを食べるっていう。

鹿島　いいですよね。働いたあとに週末はプロレスを観るっていう。健全ですよね。

斎藤　そういうわけで、昔はヒールの黒人レスラーはあまりいなかったんですけど、いまはいっぱいいます。WWEでいえば、MVPやボビー・ラシュリーとかね。黒人がベビーしかできなかったということも、じつは差別的なことですから。

鹿島　それがいまや、黒人が普通にヒールをできる時代になったということですもんね。

斎藤　そのほうがむしろ平等なんですね。だから黒人のヒールに対して、"N"の言葉だったりとかそういう差別的な野次っていうのは、いまはなくなったと思いますよ。

鹿島　「黒人だから」ブーイングを飛ばしているわけじゃなくて、「ヒールだから」ブーイングを飛ばしているという。

斎藤　そうです。悪いヤツは民族に関係なく悪いし、肌の色がなんであってもいい者はいいっていう。それがあるべき姿だと思うんですね。リング上にかぎらず、学校や一般社会においてもね。先ほど言い忘れましたけど、いまアメリカの学校では、口に手を当てて「オホホホホ〜！」ってインディアンの雄叫びの真似とかしちゃいけないんですよ。ネイティブアメリカンの子どももいますからね。MLBのクリーブランド・インディアンズも球団名を変えることになったでしょ。

鹿島　アメリカだと黒人だけじゃなく、先住民族の問題もあるわけですよね。〝狼酋長〟ワフー・マクダニエルなんかは、いつまでいたんですか?

斎藤　ワフー・マクダニエルは現役を30〜40年やっていたんです。あの人もNFLのスーパースターからの転向だったので最初からベビーなんです。ただ、ネイティブアメリカンの場合は、ちょっとインチキなキャラクターが多いんですよ。たとえば平田淳嗣とか。

――カナダで頭をモヒカン刈りにして、ネイティブアメリカンを自称していたサニー・トゥー・リバーズですね（笑）。

斎藤　チーフ・ジェイ・ストロンボーも本当は白人だし、意外とそこは難しいと思うんですよ。ネイティブアメリカンは白人の開拓者に駆逐されて、変な話、事実上少数民族にさせられたという史実があって。しかも、比較的近代の話ですからね。

鹿島　ステレオタイプだと、昔の西部劇では悪者ですよね。

斎藤　侵略した白人のほうがいい者になっていますからね。

鹿島　そこからしてめちゃくちゃじゃないですか（笑）。『ダンス・ウィズ・ウルブス』とかで、そもそも同胞なんだっていう。

斎藤　ただ、そのあたりは神秘的なものとして描かれていますからね。ネイティブアメリカンに関する文献を読むと、大昔から葉っぱを吸っていたわけですから。神秘的なものや呪文とか、宗教的な生活という意味では白人からするとてもミステリアスな人たちっていうのがあったと思うんですよね。あの真っ黒な髪に、真っ黒な目じゃないですか。黒人じゃないのに髪の毛が黒くて、目が黒くて、だけど骨格は白人っぽくてデカイのがいると。そして英語じゃない言語を話す。

鹿島　日本でも80年代くらいまで「インディアン」って普通に言ってましたよね。

斎藤　そうですね。それを「ネイティブアメリカン」に直したんですよね。あれは1492年に新大陸を発見したコロンブスが、インドと誤認して名づけたものだってことで。

――昔は「インディアン、嘘つかない」とか、よく言ってましたもんね（笑）。

鹿島　だから、そういうのも時間をかけてブラッシュアップしていったわけですよね。

斎藤　白人のカウボーイの武器が拳銃だとしたら、ネイティブアメリカンはトマホークや槍で人を斬るっていう。日本人でいうと刀なんでしょうけど。そこがファンタジーというかフィクション的に脅威になったっていうのはあるかもしれないですね。

――ワフー・マクダニエルをはじめとした、インディアンギミックのレスラーの得意技はトマホークチョップですもんね。力道山の空手チョップと同じ意味合いで。

斎藤　わかりやすいですよね。

――だからプロレスって、マジョリティとマイノリティの社会構図をひっくり返したものが多いですよね。

斎藤　差別をそれっぽく描いちゃうと本当に差別になってしまうけど、そうじゃない描き方もありますよっていう提示もあるのでしょう。

「力道山の出自は秘密にしなくちゃいけないことだったっていうのが、現代のNIKEのCMに繋がっていますよ」（鹿島）

――ルチャ・リブレもそうですよね。マスクマンっていうのはマヤ文明やアステカ文明の神々で、素顔のルードは悪いスペイン人っていう。

斎藤　スペイン人はメキシコを侵略してきたわけですからね。

——それで先住民の神様が、悪いスペイン人であるルードをやっつけるということが基本の構図。

鹿島　日本でも、力道山が最初にデカい白人のシャープ兄弟を日本に呼んで倒すっていうのも、戦時中の日本対アメリカが色濃く反映されているわけですもんね。

斎藤　シャープ兄弟はややフィクションなんですけどね。あのふたりはじつはアメリカ人じゃなくて、カナダ人だったんですね。でも日本が戦争をした相手はアメリカなので、力道山が空手チョップで倒す相手はアメリカ人じゃなきゃいけなかった。カナディアンだと成立しにくいですからね。

——だからプロレスってパラレルワールドですよね。実際はメキシコはスペイン人に征服されたし、日本はアメリカに戦争で負けたけれど、リング上ではマヤ、アステカの英雄がスペイン人を駆逐して、日本人がでっかいアメリカ人を倒す。メタファーとしてそういったものが描かれているという。黒人やヒスパニックのベビーフェイスというのも、マイノリティの逆襲ですし。

斎藤　WWEの前身のWWWFのチャンピオンだったブルーノ・サンマルチノはイタリア移民で、東海岸一帯のイタリアン・アメリカンのヒーローだった。だからシルベスター・スタローンの映画みたいなものですね。そのあと出てきたペドロ・モラレスはプエルトリカンだから、モチーフ的には『ウエスト・サイド・ストーリー』。そしてブルーノ・サンマルチノの前のニューヨークのヒーローは、〝アルゼンチーナ〟アントニオ・ロッカ。だから人種のるつぼであるニューヨークには絶大な人気を誇ったエスニックヒーローというのがずっといたんですよね。むしろ黒人スターより、こっちのほうが人気者だった。そしてバディ・ロジャースはいわゆるWASPで、いわゆるヒールじゃないですか。

鹿島　なるほどねー。

斎藤　だからあの時代っていうのは、レイアウトのわかりやすさでいえば、鼻持ちならないハンサムな白人をヒールにしたほうがよかったんでしょうね。

鹿島　その東海岸一帯で、歴代エスニックヒーローをチャンピオンにしてきたWWFが、1984年から全米進攻を始めるときに白羽の矢を立てたのは、金髪でマッチョなモロアメリカ白人のハルク・ホーガンだったというのも、象徴していますよね。

斎藤　ホーガンは、イランがアメリカの敵だった時代に、アイアン・シークを倒してチャンピオンになったじゃないですか。しかも、マーベル・コミックのスーパーヒーローみたいで、全米ツアーを回るヒーローとして凄くわかりやすい存在だったんですね。

——プロレスが、USチャンピオンが〝世界〟だった時代のマイノリティに向けた娯楽ではなく、アメリカの最大公約数を相手にしたビジネスになっていった象徴が、ハルク・ホーガンだったわけですよね。

鹿島　やっぱりプロレスを見れば、その時代の世相がわかりますよね。

斎藤　最後に、やや取り扱い注意的なテーマをひとつ提示してもいいですか？

——はい、どうぞ。

斎藤　力道山は戦後、日本を代表する、時代を代表するスーパースターになりましたが、現役時代は自分のルーツを隠していたし、メディアもそれをルールとして死守した。一部では「じつはね……」っていう形で情報がリークされるというのはあったけど、亡くなったあとまで日本人として描かれていた。だから隠ぺいされた差別構造はあったと思うんですね。

鹿島　力道山の出自は、それまで絶対にタブーだったわけですよね。戦後復興を背負ったのは、あくまで〝日本人スター〟でなくてはならないという。

斎藤　力道山にしても美空ひばりにしても、戦後最大のスターたちが、結果的に民族的バックグラウンドを明らかにすることができなかった。それが現在進行形の在日の差別問題にもつながっている。

鹿島　そのタブーだった、秘密にしなくちゃいけないことっていうのが、現代のNIKEのCMに繋がっていますよね。

斎藤　もちろん、日本のプロレスは力道山から始まっているし、プロレスというジャンルが日本人、外国人を問わず、多種多様な価値観を認め、それを共有し、共生していることをファンは知っている。だからプロレスファンだったら、あのNIKEのCMに対して「こんなものは普通の日本人に対する攻撃だ」って言う人は、あまりいないと思うんです。

鹿島　プロレスの何を見てきたんだっていうことになりますからね。

斎藤　ボクらはプロレスを見ると同時に、プロレスラーのさまざまな人生を見ている。そしてプロレス自体が、世間から「あんなもの」と言われがちな宿命を持っているからこそ、ボクらは世間の偏見に対してわりと敏感だし、そういったことを自分と無関係ではない何かとしてとらえることができる。そういう大切なことをプロレスを通じて自然と学べたんだと思うんです。

プチ鹿島
1970年5月23日生まれ、長野県千曲市出身。お笑い芸人、コラムニスト。大阪芸術大学卒業後、芸人活動を開始。時事ネタと見立てを得意とする芸風で、新聞、雑誌などを多数寄稿する。TBSラジオ『東京ポッド許可局』『荒川強啓 デイ・キャッチ！』出演、テレビ朝日系『サンデーステーション』にレギュラー出演中。著書に『うそ社説』『うそ社説2』（いずれもボイジャー）、『教養としてのプロレス』（双葉文庫）、『芸人式新聞の読み方』（幻冬舎）、『プロレスを見れば世の中がわかる』（宝島社）などがある。本誌でも人気コラム『俺の人生にも、一度くらい幸せなコラムがあってもいい。』を連載中。

斎藤文彦
1962年1月1日生まれ、東京都杉並区出身。プロレスライター、コラムニスト、大学講師。
アメリカミネソタ州オーガズバーグ大学教養学部卒、早稲田大学大学院スポーツ科学学術院スポーツ科学研究科修士課程修了、筑波大学大学院人間総合科学研究科体育科学専攻博士後期課程満期。プロレスラーの海外武者修行に憧れ17歳で渡米して1981年より取材活動をスタート。『週刊プロレス』では創刊時から執筆。近著に『プロレス入門』『プロレス入門II』（いずれもビジネス社）、『フミ・サイトーのアメリカン・プロレス講座』（電波社）、『昭和プロレス正史 上下巻』（イースト・プレス）などがある。

FUMI SAITO INFORMATION

好評発売中の斎藤文彦の新刊
『忘れじの外国人レスラー伝』(集英社新書)

忘れじの
外国人レスラー伝
斎藤文彦
レジェンド10人の
黄金時代と、
知られざる「最期」
集英社新書

ゴッチ、デストロイヤー、アンドレ、ロビンソンの昭和世代からキッド、ホーク・ウォリアー、ゴーディ、ウィリアムス、ビガロ、ベイダーの平成世代の10人。いまはもう永遠にリング上での姿を見ることが叶わない伝説の男たちのストーリー。本書は“生”と“死”、“肉体”と“魂”という人間の本質的なテーマを現実的な視点で描いている。

兵庫慎司のプロレスとはまったく関係なくはない話

第67回　4500円にはなりません

兵庫慎司

（ひょうご・しんじ）1968年生まれ、広島出身、東京在住。音楽などのライター。雑誌は『週刊SPA!』など、ウェブサイトはSPICEやリアルサウンドなどで主に音楽に関する記事を書いたり、インタビューをおこなったりしています。自分が観たライブと配信ライブをすべてレポするDI:GA ONLINEの連載『とにかく観たやつ全部書く』、半月に1回アップ中。なお、『鮨ほり川』、行ったことあります。私も普段は食事に8000円遣うような生活はまったくしていませんが、それでも「これで8000円は安い」と思ううまさでした。

ちょっと前に世に注目されて、テレビなどにも取り上げられた「73歳すし屋のツイッター【現役】」というアカウントがある。

下北沢の老舗、【鮨ほり川】の店主が、2019年3月から始めたツイッターで、これと2020年4月から始めたnoteを使ってお店の宣伝をしたら、コロナ禍で客足が遠のいていたが、新しいお客さんが来てくれるようになった、という。もともとコースはない店だったが、それだと不慣れな人は行く勇気が出ない、という声をそこで知り、【ほり川スペシャル】という8000円のコースを作ったのも、功を奏したようだ。

というのはいいが。いまツイッターで、その店主へのリプをうっかり見てしまい、「うあああぁ！」とわめきながらiPhoneを地面に叩きつけたくなった。自分とは一切関係ないことなのはわかっているが、気持ちがなんかもうドロドロモヤモヤして収まらないので、ここに書くことにする。

きっとおいしいと思う。食べたい。でも8000円は出せないので、4500円くらいのコースはないでしょうか？

という内容だったのだ、そのリプ。

あのー、あなた、凄く失礼なことを言っている、という自覚、なさすぎません？

たとえば、あなたがルイ・ヴィトンの財布がほしいとして、ネットで調べたらどれも10万円以上する、それだと手が出ないから、5万円くらいの財布を作ってくれませんか？ってルイ・ヴィトンの公式サイトにメールを送る？で、送ったら「じゃあ5万円の財布も作りますね」って、ルイ・ヴィトンが答えると思う？

答えないよね。作らないよね、5万円の財布。っていうのと同じでしょ、これ。

SNS普及以降の世の中で、僕が、本当にイヤだなあ、と思うことのひとつが、こういうやつだ。ツイッターのリプやブログのコメントなどで、自分の声が相手に直接届く、というのは、そもそもSNSがこんなに広まった理由のひとつだが、その弊害として、こういうことも生まれているのだと思う。

8000円は、自分にとっては高くて払う気になれない、4500円くらいしか払えない、というのなら、答えはひとつだ。4500円くらいの店を探しなさい。

それだけだ。もしくは、百歩譲っても「その8000円、せめて7500円くらいになりませんかね？」だと思う。なのに、なぜか「私が言えば4500円になるかもしれない。だって、私がこの店に行きたいから」ということになってしまう。

8000円取らなきゃ採算が合わない食材を使っているから、みなさんがあんなに喜ぶ料理を出せるのであって、4500円で出すためには食材の値を下げなきゃいけないからあの味にはならない、という、あたりまえの方向に思考が進まない。というか、思考自体していない。食べたい、でも高い、安くならないかしら、以上。という、脳がほぼ動いていない状態なのだ。

こういうのって、ロック・フェスの出演者発表のときなんかにも、よくある。出演者は明かされたが、誰がどの日に出演するのかはまだわからない時期に、公式ツイッターとかへのリプで「私が行けるのは3日目だけなので、○○の出演は3日目にしてください」みたいな声を、よく目にするのだ。あのー、1日何万人も来る巨大フェスが、なぜあなたひとりの都合を汲んで「じゃあこのバンドの出演は3日目にしよう」って決めてくれるかも、と思えるの？

ただ、そういうリプを飛ばす人が、本当に異常な人なのかというと、そうでもなかったりするのが、さらに厄介だとも思う。たとえばこの人が、SNSで、じゃなくて、たまたま前を通りかかって、その店を知ったとする。外観からして「ここはうまい」という予感しまくりだ、入りたい、でも看板に「コース8000円」と書いてある。というとき、暖簾をくぐって「すみません、8000円は払えないので、4500円くらいのコース、ないですか？」と訊くだろうか。

訊かないよね。黙ってその場を去るだけよね。でも、SNS上だと訊いてしまう。というのは、SNSというもの自体が、人をそんなふうな、異常な精神状態にしてしまうツールでもある、ということだ。

でも、自分もそうかもしれない、無意識にそんなことをやらかしているかもしれない、という恐怖もある。僕は、相手が無名人でも有名人でも、いや、有名人だったらなおさら、リプで話しかけたいという気持ちにならないのだが、そのへんへの警戒心が、自分をそうさせているのだと思う。そこは一線を引いておかないと、自分のようなバカはろくなことをしない、という。

ちなみに寿司屋の店主、そのリプに対して「本当に心苦しいのですが、これができる限りのお値段なのです」と、丁寧に返事をしておられた。大人だなあ、人格者だなあ、それに比べてこんなにカッカしてる俺はなんなん？とは、まあ、思いました。

HENTAIZADANKAI

玉袋筋太郎の変態座談会

TAMABUKURO SUJITARO

邪道姫

工藤めぐみ

MEGUMI KUDO

玉ちゃんの変態座談会は聖家族
だからやっぱりくどめ大好き!
全女入門からFMW 女子での活躍
邪道姫のすべて語りまくります !!

収録日:2020年12月5日　撮影:橋詰大地　写真:平工幸雄　構成:堀江ガンツ

[変態座談会出席者プロフィール]
玉袋筋太郎(1967年・東京都出身の53歳/お笑い芸人/全日本スナック連盟会長)
椎名基樹(1968年・静岡県出身の52歳/構成作家/本誌でコラム連載中)
堀江ガンツ(1973年・栃木県出身の47歳/プロレス・格闘技ライター/変態座談会主宰者)

[スペシャルゲスト]
工藤めぐみ(くどう・めぐみ)
1969年9月20日生まれ、千葉県出身。元プロレスラー。プロレスリングZERO1ゼネラルマネージャー。
1986年に全日本女子プロレスに入門し、同年8月8日に前田薫戦でデビューするも1988年3月24日の豊田真奈美戦を最後に全女を退団する。その後1990年3月10日のFMW後楽園ホール大会に、全女時代に同期だった豊田記代(コンバット豊田)、天田麗文と共に、乱入という形で参戦し現役復帰。全女仕込みのテクニックと抜群のルックスとFMW女子を活性化させ、一躍人気レスラーとなる。また女子でありながらデスマッチ路線にも飛び込み、"邪道姫"と呼ばれるようにもなる。1997年4月29日、横浜アリーナでのシャーク土屋との電流爆破マッチを最後に現役を引退。2020年7月、プロレスリングZERO1のゼネラルマネージャーに就任した。

「一緒にプロレスを観ていた父に『お父さん、プロレスラーだけにはならないで』って言ってたら自分がなっちゃったんです（笑）」（工藤）

ガンツ　玉さん、今回のゲストは工藤めぐみさんに来ていただきました！

玉袋　待ってました、邪道姫！　今日はひとつ、よろしくお願いします！

工藤　よろしくお願いします（笑）。

ガンツ　工藤さんはもともと全女の61年組ですけど、玉さんのたけし軍団入りも同じ頃じゃないですか？

玉袋　俺は昭和42年生まれで、高校を卒業して入ったからたぶんそうだな。業界でいえば同期だよ。工藤さんのほうが年齢的にはちょっと早めに社会人デビューというか、奴隷デビューしてると思うけど（笑）。

椎名　工藤さんは別の収容所にね（笑）。

ガンツ　この世でいちばん厳しい全日本女子プロレスとたけし軍団ですからね（笑）。

玉袋　よかったですね、お互いに生きてて。

工藤　そうですね（笑）。

玉袋　工藤さんはいくつで全女に入ったんですか？

工藤　高校1年ですね。本当は中学卒業してする入るつもりだったんですけどオーディションに落ちてしまって。一応、高校に進学したあとの翌年に受かったので学校は中退したんです。

椎名　それ、親はよくオッケーしましたね？

工藤　プロレスラーになることは反対じゃなかったんですけど、高校を中退することに対しては「考えたほうがいいんじゃないか」とは言われましたね。でも自分は絶対に入りたかったんで。

ガンツ　もともとレスラーを目指すきっかけはなんだったんですか？

工藤　私が小さいときから父親が極真空手をやっていて、プロレスもよく観ていたんですよ。それで私も観る機会が多かったんですけど、当時（アブドーラ・ザ・）ブッチャーさんが空手を使っていたじゃないですか？　だからお父さんもプロレスラーになっちゃうんじゃないかと思って、「お父さん、プロレスラーだけにはならないで」って言ってたら自分がなっちゃったんです（笑）。

ガンツ　しかもブッチャーの凶器どころじゃない、女子初の電流爆破デスマッチまでやってしまうという（笑）。

玉袋　じゃあ、1年目に落ちて2年目に受かるまでの間、工藤さんも空手をやったりとかは？

工藤　それはなくて、全日本女子プロレスさんが入門とは別に練習生を募集していて、あくまでスクールみたいな感じで月謝を払って基礎体をやったりしてましたね。

ガンツ 当時の全女はもの凄い人数が入門テストを受けて大半が落ちるから、「おまえたち、ここで練習すれば来年チャンスがあるよ」というプロレス予備校的なビジネスもやっていたんですよね。

椎名 いまの吉本商法だね（笑）。

玉袋 夢を持った乙女たちの心を長靴で踏みにじるような、これが松永兄弟イズムだな（笑）。

ガンツ 工藤さんが入ったときはクラッシュギャルズの絶頂期だから、入門希望者も相当いたんじゃないですか？

工藤 書類で2000人応募があって、テスト会場のフジテレビに800人来てましたね。

玉袋 800人のうち、入ったのは何人だったんですか？

工藤 最終的に受かったのが8人くらいで、そのあとオーディション外で入ってきた人が何人かいました。

ガンツ プロモーターのコネとかそういうので（笑）。

玉袋 それでも100分の1の狭き門だよ。しかも、ようやく入ったらすぐに弱肉強食の世界に放り込まれるわけでしょ？

工藤 入ってすぐ辞めたコがいましたね。練習の厳しさもそうですけど、寮生活になじめなかったりして。あと、ジャガー横田さんがコーチだったんですけど、引退されてすぐで身体も動けるときでしたから、本当に練習もハードでしたね。

玉袋 新人時代、お給料はどうだったんですか？

工藤 最初は5万円ですね。そこから5000円がお米代で取られて（笑）。

玉袋 その給料で米代まで取るのが全女だよ。でも俺たちよりは恵まれてる。4万円だったから（笑）。もう生かさず殺さずだよ。

ガンツ でも芸能界もプロレス界もすさまじく儲かっていた80年代半ばにそれですからね（笑）。

玉袋 搾取されてたんだろうな〜。バブル直前にこっちは最底辺の生活なんだから。全女の寮では新人みんなが相部屋になるんですか？

工藤 ふたり部屋と4人部屋に分かれてましたね。しかもベッドは子ども用の二段ベッドなんで（笑）。

ガンツ 子ども用（笑）。

玉袋 子ども用じゃなくて小人用だったりしてな（笑）。

椎名 女子とミゼット、どっちも使えるように（笑）。

「コンバット豊田は『ホントはやさしいんだろ？ そんな髪の毛を赤くする必要はねえぞ』って思ったもんな（笑）」（玉袋）

玉袋 あの頃、巡業はどれくらいあったんですか？

工藤 少なくて年間280なので、だいたい300を超えるくらいですね。

玉袋 すげえよ。でも最初は巡業について行けないんですか？

工藤　プロテストに受かってからなんですけど、私は同期の中で巡業に行ったトップバッターだったので、知識がないから何をどうしたらいいのかもわからなくて。

玉袋　教えてくれる先輩はいなかったんですか？

工藤　まったくいないんですよ。1個上の先輩はいるんですけど、その先輩も上の先輩の雑用があるので「見て学びなさい」って感じでしたね。

ガンツ　荒れ狂う大海原に浮き輪なしで投げ込まれるみたいな感じですね（笑）。

玉袋　そりゃあ、救助船が来る前に溺れる人も出てくるよ。

工藤　新人は先輩と直接話すこともできないんで。

玉袋　目も合わせちゃいけないくらいでしょ？

工藤　本当にそうです。雑用ができて認められてから、ようやく付き人になる感じなんで。

玉袋　しかも、あのバスという閉鎖された空間でしょ。想像するだけで嫌だね。

工藤　先輩たちはみなさん席が決まっているんですけど、新人は席が決まっていないんですよ。なので毎回、空いている席のところに行って、「すみません、お隣よろしいですか？」って聞いて「いいよ」って言われたら座るんです。それを聞くだけでもの凄く緊張するし。先輩たちは試合後に着替えて綺麗な格好で座っているんですけど、私たちはギリギリまでリング撤収とかをやっているので汗まみれで、Tシャツも汚いし。そんな状態で「お隣よろしいですか？」って聞くのも恐縮というか。座っても緊張して寝れないし。

玉袋　どんなにクタクタでも移動中に寝れないよね。俺たちのロケバスも一緒だよ。たけし城に向かうバスとかさ。あの頃、オールナイトニッポン終わりで、次の日の朝から『風雲！たけし城』のロケだから夜通しで行くじゃん。それで兄さんたちはみんなイビキをかいて寝てるんだけど、下っ端は寝ちゃいけねえから、自分で太ももをつねったりしてね。

工藤　そういえば私、新人のときにたけし城に出ましたよ。

玉袋　えっ!?じゃあ、そこでもすれ違ってるんだ。戦場で（笑）。

工藤　沼で落ちてTシャツが泥まみれになって（笑）。

玉袋　竜神池だ。たぶんそこに俺もいたよ（笑）。

椎名　やっぱり全女とたけし軍団は境遇が凄く似ていますね（笑）。

工藤　全日本女子プロレスのTシャツを着て行ったんですけど、それが泥まみれになって着替えもなくて。そうしたら会社から「ちゃんとクリーニング代が出るから大丈夫だ」って言われてたんですよ。だけどいっさいそれが出なくて、仕方がないからお金もないのに服を買った思い出がありますね（笑）。

玉袋　それは誰かが抜いたよ。たけし城は一般参加者だって一日5000円と弁当が付いたし、Tシャツだってもらえたんだもん。俺たちはその5000円を目当てに行ってたんだから。

椎名　日当目当てに（笑）。

ガンツ　全女は上下関係の厳しさと同時に、同期との生存競争も厳しいことで知られていますけど、工藤さんの世代はみんな仲がよかったんですよね？

工藤　仲がいいというか、おっとりしていたんですよ。みんなそれぞれがんばってはいるんですけど、ほかの代と比べてほんわかしていたというか。「そこがダメなところだ」って言われてました。

ガンツ　1個上が北斗晶さんの世代だから、余計にそう見えたのかもしれませんけどね（笑）。

玉袋　そりゃ、やべえよ。工藤さんの代はほかに誰が？

工藤　アジャ（コング）、コンバット（豊田）、バイソン（木村）、KAORU、そのあたりですね。

椎名　たしかに性格的におっとりしているかもしれないですね（笑）。

玉袋　その象徴がコンバットって感じもするけどね。「おまえ、ホントはやさしいんだろ？　そんな髪の毛を赤くする必要はねえぞ」って思ったもんな（笑）。

椎名　〝のんちゃん〟ですよね（笑）。

玉袋　その世代がほんわかチームか。

工藤　どの代でも派閥ができたりしていたんですけど、ウチはみんな仲がよかったですね。最初の1年はみんな寮に入るんですけど、私たちは最後の最後まで食事当番を守ってみんなで作っていたんですよ。ほかの代の人たちは最初のうちはやるけど、そのうちみんな個々で食べるようになって、みんなでキッチンに集まって一緒に食べるっていうことがないから「あんたたち、珍しいね」ってよく言われていたんです。

玉袋　本当に同じ釜の飯を食ってたんだな。その中でトンズラした人はいなかったんですか？

工藤　それでも1～2年でかなり辞めましたね。私も3年目になるところで辞めちゃったので。

玉袋　脱走して戻ってきたりとかはなかったの？

工藤　いないですね。ダーレン大橋っていうハーフの子がいたんですけど、その子も辞めて戻ってきていないですし。

「あんなに入りたかった場所なのに、それが『とにかく辞めたい』になるのが全女の凄さですね」（ガンツ）

ガンツ　61年組はハーフ系も多かったんですね。アジャさんもそうですし、あと天田麗文が中国残留孤児2世だったりとか。

玉袋　凄いね。物語を背負った人たちがいたんだな。アジャなんか『人間の証明』だからね。

椎名　本当にそうですよね。

ガンツ　そして「私は長与千種みたいになるんだ！」って夢を持って入ってきたのに、松永兄弟に「バカヤロー！　おまえがベビーフェイスなわけねえだろ!」って言われて、極悪同盟に入れられて泣いたっていう(笑)。

玉袋　まだ乙女な頃があったんだな。エリカちゃんにはな(笑)。

工藤　たしかに泣いてましたね(笑)。

椎名　工藤さんも「長与千種はちょっと無理じゃないかな……」って思いながらもなぐさめて(笑)。

工藤　でも昔はちょっとかわいかったんですよ(笑)。

ガンツ　無理やりデカくして「コング」になったわけですからね。

椎名　そっか。そうだよね(笑)。

玉袋　団体を抜けるっていうのも大変だったと思うんですけど、葛藤はあったんじゃないですか?

工藤　でも、あれだけ努力して入ったのに、辞めると決めたらあっさりだったんですよ。まわりに相談もせず、ジャガーさんにも事後報告で「辞めることにしました」っていう感じで。

ガンツ　そもそも、辞めようと思った理由はなんだったんですか?

工藤　ケガなんです。胸骨を折ってしまって。プロレスって技を受けるのはほとんど胸なんですけど、ある程度上の先輩になればケガしながらもプロレスの試合をするっていう付き合い方がわかるんですけど、私は全然わかってなくて。「痛くてもしょうがない」と思って全部技を受けたりしていたんです。それで試合をするのが怖くなっちゃったっていうのと、病院の先生に「胸骨がまた折れたら大変なことになるよ」って言われながら、毎日点滴を打ってから練習に通ったりもしていたので。

椎名　痛み止めっていうことですか?

工藤　いや、私はそれで胃潰瘍になっちゃったんですよ。そのときは同期の何人かも同じ病気にかかっていたくらい、みんな徐々に胃潰瘍になったりとかして。

ガンツ　肉体的なダメージとともに精神的なダメージで胃にきちゃうんですね(笑)。

工藤　最初は十二指腸から始まって(笑)。

玉袋　消化器系なんだ(笑)。

ガンツ　それだけみなさん、強烈なストレスがかかっていたんでしょう。

工藤　先生が「また来たの? また全女さん?」って言うくらい、同じ病院に行ってたんで。

玉袋　それで辞表を出して辞めたんですか?

工藤　ジャガーさんに言ってから、会社に辞表を出しましたね。でも会社は引き止めることは絶対にしないんですよ。人材はほかにいっぱいいるし、逆に落としたいくらいなので。

ガンツ　松永兄弟は「代わりはいくらでもいる」が口癖みたいな人たちですもんね(笑)。普通に考えれば、あれだけの倍率で選ばれた人間で、工藤さんなんか将来スターになりそうだっ

て若手の頃からわかりそうなもんなのに。

玉袋　それでも引き止めないのが全女なんだよな～。その後の身の振り方は考えてたんですか？

工藤　まったく考えていなかったですね。「とにかく辞めたい」しか考えていなかったです。

ガンツ　あんなに入りたかった場所なのに、それが「とにかく辞めたい」になるのが全女の凄さですね。

玉袋　工藤さんは三禁は守ってたの？

工藤　守ってました。辞めた時点で19歳だったんですけど、友達とご飯を食べたとき、店員さんが烏龍茶と間違えてウーロンハイを持ってきたんですよ。私は焼酎を飲んだことがなかったので、ウーロンハイだとも気づかなくて「この烏龍茶、腐ってる……」と思ったりして（笑）。それくらいお酒が飲めなかったのもあって、ウチの同期はみんな守ってましたね。

玉袋　偉いな～。

ガンツ　井上京子さんなんか、入って2年目でブル様と飲み歩いていたらしいですもんね（笑）。

工藤　でもウチの代はそういうところがダメだったと思うんですよ。本当に生真面目すぎて。それで弾けられなかったのかなって。

玉袋　なるほど。那須川天心なんか、あの歳で吉原の高級店通いが報じられてるんだから。あれは大物だ。

ガンツ　令和に活躍する、昭和のキックボクサーですね（笑）。

「最初はFMWも知らなかったんですよ。でも最初に観に行ったあとに天田麗文やコンバット豊田に説明して」（工藤）

玉袋　まあ、それはいいとして。辞めて実家に帰ったりすると、近所の目もあるから、ちょっと恥ずかしかったりしたんじゃないですか？

工藤　でも自分のことで精一杯で、まわりからどう見られるか、親がどうだとかっていうのはまったく関係なくて。「やったー！　実家に帰って来れたー！」くらいの感じでしたね。

玉袋　まるでベトナム帰還兵だよ。だけどまた〝ジャングル〟に戻って行くんだけどね（笑）。

工藤　実家に帰って、最初は開放感があって楽しかったんですけど、それもほんの短い期間でしたね。1カ月もしないうちに毎日がつまらなくなってきて。プロレスに戻りたいとは思わなかったんですけど、同期のみんながレスラーとしてがんばっている姿を見たり聞いたりしてるうちに、「みんながんばっているのに私はこんな遊び呆けて、簡単に辞めてしまってバカだったな……」って思うようになったんですね。

椎名　それもツラいですね。

ガンツ　全女のテレビ放送は観てました？

工藤　最初はまったく観なかったんですよ。観れないというか。でも、たまたま私の世代がテレビ中継で映っている姿を観て、「うわっ、凄いな！　がんばっていたらここまで来れるんだ」っていうのがわかって、胸がチクチクし始めましたね（笑）。

ガンツ　また悪役だと、けっこう早めに上のカードに出られたりしますからね（笑）。

椎名　極悪出世があるんだね（笑）。

玉袋　全女の中継は、最後に第1試合からメインまで短いダイジェストで流してたからね。「♪テーレッテレー」って、あのエンディングテーマが流れてさ（笑）。じゃあ、そこからだんだんプロレスに戻りたいって思い始めたんですか？

工藤　辞めずに残った同期がうらやましくはあったんですけど、あの頃は辞めてプロレスに戻るという前例がなかったので、私の中でもその選択肢は存在しないとあきらめていたんですよ。それで保育園の助手のアルバイトを見つけて、「がんばって資格を取ってやってみよう。これが次の私の目標だ」と思うようになって、ちょっとずつ生活の楽しさが戻ってきたんです。

ガンツ　プロレスに代わるものを見つけられたと。でもその後、FMWに参戦するのはどういう経緯があったんですか？

工藤　自分の中でプロレスを投げ捨てちゃった負い目があって、なかなかプロレスが観られなかったんですけど、保育園で働くようになって「私はこれで生きていけばいいんだ」と思ってからは気が楽になって、またプロレスを観てみようと思ったんですね。

ガンツ　それでFMWに興味を持ったんですか？

工藤　最初はFMWも知らなかったんですよ。でも私が全女にいた頃は男子だけ、女子だけの団体しかなかったので、男女混合団体があるって聞いたときに「観たいな」と思ったんですね。それでたまたま関係者の人にそういう話をしたら「観に来なよ」って言われて、FMWを初めて観に行ったんです。

ガンツ　それは誰の試合のときですか？

工藤　栗栖（正伸）さんと大仁田（厚）さんが有刺鉄線バリケードボードマッチをやってましたね。

ガンツ　じゃあ、初期も初期ですね。たしか1990年2月の後楽園ホールです。初めて有刺鉄線ボードをリング下に置いて、それで初めて下に落ちるっていう試合。

玉袋　ひさびさに観た試合にしてはめちゃくちゃなもんを観ちゃったな、おい（笑）。

工藤　私がちっちゃいとき、アントニオ猪木さんがボードを下に置いて試合をしてるのをドキドキしながら観た憶えがあって。

玉袋　上田馬之助とのネイルデスマッチだな。で、あれがまた落ちねえんだよな（笑）。

椎名　FMWもあれがモチーフだったんだろうね。

ガンツ　釘板は用意できなかったけど、バラ線だったら安いからあれでやったんでしょうね（笑）。

玉袋　ホームセンターで売ってるもんな。

工藤　あれを観て「FMWって凄い団体だな」と思って、その日はそれで帰ったんですけど。そのあと天田麗文やコンバット豊田が近くに住んでいたので、「ねえ、知ってる？　いまプロレスってこんなになってて、男子もいて女子もいて、下にこんなのが敷いてあってね……」って説明したんですよ（笑）。

ガンツ　全女離脱組に教えてあげたと（笑）。

椎名　離脱組でコミュニケーションがあったんですね。

工藤　たまたま連絡を取り合っていたんですよ。で、ふたりは「なにそれ？」ってわかってないんですよ。だから「まわりにトゲトゲが敷いてあって、落ちないと思ったら落ちたんだよ～！」って（笑）。

玉袋　熱湯コマーシャルを説明してるみてえだな（笑）。

椎名　「押すなよ！」って（笑）。

ガンツ　本当に一緒ですね。いま思えば、大仁田さんも有刺鉄線ボードに落ちたリアクション芸で注目されて（笑）。

工藤　それで「次は一緒に観に行こう」ってなったんです。

玉袋　あっ、それで3人で後楽園に行って乱入したんだ。

ガンツ　あの3人がFMWに関わるようになったのは、工藤さんがきっかけだったんですね。前にボクがコンバット豊田さんにインタビューしたとき、「そんなつもりじゃなかったのに、FMWでやることになった」って言っていたんですけど。

工藤　そうですね。それで観に行ったとき、私はデスマッチとかに驚いてワーッとなっていたんですけど、天田やコンバットは女子の試合のひどさにワーッとなってて（笑）。

ガンツ　あんなのは女子プロレスじゃないと（笑）。

工藤　それで乱入という形になって、FMWに参戦したんですね。

「ガンツはストリートファイトでの工藤さんのホットパンツ姿に萌えたんだ。さすが変態だね（笑）」（椎名）

ガンツ　FMW参戦のきっかけは、誰かが間に入ってくれたんですか？

工藤　後楽園に行ったとき、たまたま新人時代から知っていた茨城（清志）さんに会って、「あれ？　茨城さん、何をしてるんですか？」って聞いたら「俺はいまここで働いてるんだよ」っていう話があったんです。本当に茨城さんがいるっていうのも知らないで観に行ったんですけど。

ガンツ　じゃあ、工藤さんたちが偶然来たんで、茨城さんが「こりゃいいや！」と勝手にアングルを作ったと（笑）。

玉袋　そういうことだったんだな～（笑）。当時のFMWはお客さんの筋も悪くてさ、そういう中で乱入したら、そりゃ客席もヒートアップするよ。もう大ブーイングでしょ？

工藤　乱入したとき、初めてブーイングを受けたのでビックリしましたね。

玉袋　全女時代はブーイングを受けたことがないもんね。

工藤　受けたこともないし、声援もないくらいで（笑）。

玉袋　プロレスラーの方に話を聞くと、「ブーイングを浴びてプロレスラーとして喜びを覚えた」って言う人もいるけど、工藤さんは？

工藤　リングに上がってブーイング受けたとき、武者震いがしましたね。

玉袋　やっぱそうなんだ！

工藤　「うわー、これだー！」と思って。あのゾクゾク感はやっぱりプロレスのリングだけだと思いましたね。野次やブーイングでも、反応が返ってくるのがめちゃくちゃ気持ちよくて。自分でも予想外のことでした。

玉袋　また、FMWが出来上がっていく途中のカオスな時期だから、いいタイミングだったのかもしれねえな。

椎名　最初に飛び込んだのは、天田さんだったんですか？

工藤　そうです。天田はわりとそういうのをやっちゃうんですよ。しかもFMWのことを全然知らずに行ってたから、バックステージでも大仁田さんや後藤さんに対して「ふざけんなよ！テメー、なんだよ！」って言っちゃってるんですよ（笑）。

椎名　おもしろいねー（笑）。

工藤　だからFMWに入ってからは天田がリーダー格というか。キャリアも3人の中ではいちばん長かったので。

ガンツ　天田さんは全女を辞める前、テレビにも少し出始めてましたもんね。コンバット豊田さんはテレビには出てたんですけど、覆面を被ったダイナマイト・ベアというその他大勢的な悪役だったんで、誰だかわからなかったという（笑）。

工藤　アハハハハ！

玉袋　でも大仁田さんもそういう3人を受け入れるっていうのは度量が広いというか、人材がほしかったのもあったのかな。FMWに入るとき、大仁田さんとはどんな感じだったんですか？

工藤　凄くノリが軽いというか、「やればいいじゃん」って感じでしたね。「リングは提供するから自分のやりたいようにやれよ」って。

玉袋　面会みたいなのを最初にやったんですか？

工藤　最初にご飯を食べる機会があって、私はキャリアも名前もなかったから、まずはテストをされると思っていたんですけど、そんなのは全然なくて。「いいよ、やれよ」って言ってもらえて。

ガンツ　豊田さんも「自由にやっていいから」って言われて、「全女では自由が一切なかったから、自由にやれるのならやろうと思った」と言ってましたね。

玉袋　そういうガチガチに縛らずに自由にやらせたところが、初期FMWのおもしろさにつながってたんだろうな。

ガンツ　そしてすぐ、工藤さんたちアウトブレイカーズとFM

W女子の抗争が始まるわけですよね。

玉袋　全女時代は新人で雑誌の記事にもならなかったのが、FMWに入ってからは取り上げられるようになったのは、うれしかったですか?

工藤　そうですね。試合として取り上げてもらったのがとてもうれしかったし、新鮮だったし。私はまたプロレスができるだけでも楽しかったのに、それに加えて誌面でも応援してもらえて、記事にも載ったりして、毎日が楽しかったですね。

ガンツ　それでしばらくすると、ルックスのよさから男性ファンに人気が出てきた工藤さんはベビーフェイスに転向して。大仁田厚vsターザン後藤の初の電流爆破マッチが行われた汐留では、工藤さんとコンバットさんが一騎打ちをしたんですよね。

工藤　そうでしたね。

玉袋　汐留の空き地でやったんだよな。いまや電通のビルが建ってるところだよ。男女混合団体で、全女時代の同期である豊田さんと一騎打ちをやることについてはどうだったんですか?

工藤　あのとき、初めてのストリートファイトマッチだったんですよ。大仁田さんたちはもうその形式でやっていたんですけど、私は「ストリートファイトってなに?」って感じでわかってなくて(笑)。

椎名　「ジーパン履いたらいいのかな?」って思いますよね(笑)。

工藤　そうなんです。実際、「私服で闘ってたらストリートファイトになるの?」って確認してましたからね(笑)。

玉袋　ケミカルウォッシュのジーパン履いて、場外乱闘やっちゃってな。あれがいいんだよ(笑)。

工藤　それで誰に聞いても、「街のケンカだから」って言われるんですけど、街のケンカなんかしたことないし(笑)。

ガンツ　街のケンカを見ることだってあまりないですもんね(笑)。

玉袋　ないよ、そりゃ。酔っ払い同士の足下フラフラのケンカを真似してもしょうがねえしさ。でも、女子がストリートファイトをやるっていうのも話題を呼んだよね。

ガンツ　あのとき、工藤さんはジーンズの長ズボンじゃなくて、ホットパンツみたいなのを履いていたのがよかったんですよ。

椎名　ホットパンツ姿に萌えたんだ。さすがガンツ、変態だね(笑)。

「最初に週プロの表紙を見たときは自分だって全然思わなくて一瞬止まりましたよ。『えっ!?』って」(工藤)

ガンツ　あの汐留前後から、工藤さんのアイドル人気が爆発し始めてましたからね。

玉袋　後楽園ホールの非常階段の落書きでも「くどめ」って、たくさん書いてあったもんな。ネットがない時代であれが掲示板だったから（笑）。

椎名　SNSですね（笑）。

玉袋　「北尾はバカ」って書いてあったりしてさ（笑）。でも、くどめ人気は凄かった。卑猥な落書きも含めて、男のファンが工藤めぐみに夢中になってたのがわかるよ。

ガンツ　当時は高校生、大学生のファンが中心だから、後楽園の階段の壁がモテないプロレスファンの性のはけ口みたいになってましたからね（笑）。

玉袋　でもクラッシュギャルズの頃まで、女子プロレスはみんな女の子のファンばっかりだったわけじゃないですか。それが我々も含めたモテない男のファンたちのヒロインになっていったときの気持ちはどうだったんですか？

工藤　それはうれしいですよ。男子ファンということで女子にはない応援のされ方だなっていうのもあったんですけど、でも応援されることは凄くうれしかったですね。

玉袋　あの汐留大会から大仁田さんの人気が爆発したけど、工藤さん目当てのファンも多かったからな。

ガンツ　大仁田さんと工藤さんでツートップみたいな感じでしたもんね。

椎名　あの頃はもう「くどめ」って呼ばれてたんですか？

工藤　はい。私は中学のときからずっとそれで、全女のときもそう呼ばれていて。

椎名　そうだったんだ!?　絶対に週プロの安西（伸一）さんあたりが付けたんだと思っていましたよ（笑）。

ガンツ　工藤さんの人気に火が付いたきっかけって、安西さんが担当したグラビア企画ですからね。公園で水着のコスチューム姿で特写っていう。

玉袋　その公園とプロレスの違和感ね。

椎名　ギャップ萌え（笑）。

玉袋　逆ストリートファイトだよ（笑）。

ガンツ　「森で工藤めぐみと出会った」っていうタイトルがついてて（笑）。

椎名　なんじゃそりゃ！（笑）。

玉袋　その変態性もまた俺たちをくすぐったからね。

ガンツ　あれが当時のプロレスマニアたちの心に刺さったんですよ（笑）。

玉袋　掃き溜めに鶴というかね。ほかのアイドルレスラーだったらこんな特写はないよなっていう。そこからグーッと人気が出ていって、週プロの表紙まで飾るわけだから。

ガンツ　伝説の「くどめ大好き」ですよね。

玉袋　あれは週プロから「次、表紙で行くから」って言われてたんですか？

工藤　いや、全然知らなくて。あのときは「取材があるから来てください」って言われて、会社の人と週プロさんに行ったら

「あっ、そうだ。今週号があるから早刷りをあげるね」って渡されて、最初見たときは自分だって全然思わなくて一瞬止まりましたよ。「えっ!?」って。

ガンツ　あれは本来、失敗ショットですもんね。目をつぶっちゃってて（笑）。

工藤　いろんな説がありますよね（笑）。

玉袋　そうなんだよ。目をつぶってるんだもんな。

椎名　それをあえて選ぶってのもおもしろいよね。

玉袋　あれは衝撃が走ったよ。「くどめが表紙を取ったぞ!」っていうさ。

ガンツ　しかも、あれはSWSの東京ドーム大会があったときで、週プロは取材拒否でそれを載せられないから、ターザン山本が奇策としてあの表紙にして大成功だったんですよね。

椎名　なるほど。アンチテーゼだったんだね。

玉袋　それで当時の流れをひっくり返しちゃうところがおもしろいよな。で、自分では何冊買ったんですか？（笑）。

工藤　1冊は買いました（笑）。

椎名　いまも持ってますか？

工藤　なんかいろいろいただくんですよね。ファンの人が持ってきて「これにサインしてください」とか。

椎名　凄いね（笑）。ガンツは持ってないの？

ガンツ　実家に行けばありますよ（笑）。

「全女に乗り込んで行ったのはアポなしだったの⁉『チケット持ってますか？』って言われる遺伝子だよ（笑）」（玉袋）

玉袋　そうやって工藤さんが週プロで大きく取り上げられるようになって、古巣の全女の人たちからの反応とかはあったんですか？

工藤　私は直接選手から何か言われたり、変な態度を取られたりとかはないんですけど、そのとき（ＦＭＷと全女）両方に行っていた記者さんは凄い大変だって言ってましたね。

ガンツ　「全女を逃げたヤツが、なんでこんなに大きく載ってるんだ！」ってなったんでしょうね。

工藤　その記者さんが「（全女の選手に）口をきいてもらえなくなった」って言ってたので。私は全然そんなこと知らなくて、ただただ楽しいだけだったんですけど（笑）。

ガンツ　当時は新日番、全日番、ＵＷＦ系番はいても、女子プロやインディーは遊軍で、両方兼ねている記者ばかりだったんでしょうね。しかも週プロは署名原稿じゃないですか。文章の最後に「（小島）」って書いてあったりしますから、そうすると全女の会場に行ったときに「ＦＭＷの回し者が来た！」となるという（笑）。

玉袋　それで記者の人たちも消化器系をやられちゃったんだろうな（笑）。

ガンツ　その後、まさか全女の先輩たちと対抗戦で当たるとは思わなかったんじゃないですか？　ＦＭＷの横浜スタジアム（１９９2年9月19日）で、工藤さんと豊田さんが組んで、ブル中野&北斗晶とやるという。

玉袋　あれはＦＭＷと全女の対抗戦というだけじゃなく、かつての先輩後輩の図式が見えてくるから、やっぱりヒリヒリしたよね。

ガンツ　しかも、あれが最初の女子プロ対抗戦ですもんね。その前にシャーク土屋&クラッシャー前泊が全女に乗り込んで行って。あれはアポなしだったらしいですよね（笑）。

玉袋　アポなしなの⁉

工藤　本当にそんなんばっかりですよ。だから本気で追い返されて（笑）。

椎名　大仁田さんもＦＭＷを始める前、ＵＷＦの会場にアポなしで行ったよね（笑）。

玉袋　「チケット持ってますか？」って言われる遺伝子だよ（笑）。

ガンツ　前泊さんに聞いたら、一応、後藤さんだけには「行きます」と言っておいたけど、全女には何も伝わってなくてモメて。それで会社同士の話し合いになったら、結局は工藤さんたちがやることになったという（笑）。

椎名　アングルのきっかけを作っちゃったんだね。

工藤　対抗戦自体も前例がなかったのに、まさかここで交わるとも思ってなくて。しかも中野さんと北斗さんっていう全女の顔の人たちが来るってことで、ギリギリまで「これ、本当に実現するのかな？」と思ったりとか。自分の中ではやっぱり恐怖心というのもあったし、前例がないことをするっていうことで楽しみな部分もあったし、リングに上がるまでどんなふうになるかまったく想像がつかなかったんで。

玉袋　平気でやってくるからね。健介の奥さんは。

ガンツ　コンバット豊田さんにインタビューしたとき、「もう死ぬかと思いました」って、素直すぎるコメントを残してましたね（笑）。

椎名　さすがコンバット（笑）。

玉袋　危なっかしいことになっちゃうんじゃねえかって、俺たちも観ていて思ったよ。これから残酷なシーンが繰り広げられるんじゃねえかってさ。

ガンツ　FMW女子もツートップが出て行ってるから格負けしちゃいけないんだけど、豊田さんは「こっちにもプライドはあるんですけど、私は気持ち的に完全に負けてました」って、またまた正直に言ってましたね。

椎名　そこまでなんだ（笑）。

玉袋　あの頃のブル&北斗だもんな。

ガンツ　でも、それが凄くおもしろい試合になったんですよね。

工藤　対抗戦も回を重ねると馴れ合いの部分も出てきて、新鮮さもなくなってきちゃったんですけど、あのときはすべてが刺激的で。リングに上がった瞬間に「やっぱり中野さんと北斗さんは違うな」と思ったし、「これが全女の選手だな」って。

椎名　華というか、そういう意味でですか？

工藤　華もそうですし、勢いというかオーラというか。存在感や醸し出す厳しさで、リングの中が変わりましたね。あのときはFMWのリングでしたけど、「ああ、懐かしい。これは全女のリングだ」って思っちゃいました。

玉袋　対抗戦でありつつ、工藤さんとコンバットさんが1日だけ全女に戻った試合だったわけか。しびれるねえ。

ガンツ　試合後、ブル中野さんと北斗晶さんがマイクアピールをやって、大仁田さんと後藤さんが凄くカタくなったって、本当なんですか？

工藤　そうだったと思います。そういうのに凄く反応するんで（笑）。

玉袋　どんなマイクアピールだったんだっけ？

ガンツ　ブル様が「ブル中野と北斗晶の試合がもっと観たかったら、全日本女子プロレスの会場に観に来い！」って言ったら盛り上がっちゃって。じつは当時のFMWでは、マイクパフォーマンスをやるのは最後の大仁田さんだけという不文律があったのにそれをやったってことで、後藤さんが「ふざけんな！」って言いに行ったとか、行ってないとか（笑）。

「あのオールスター戦のとき、終電がなくなった新横浜周辺で記録的な数の自転車泥棒があったという話がありますからね」（ガンツ）

玉袋　あー、そうだったのか。

ガンツ　だから、ただでさえ緊張関係があったのに、その後、土屋&前泊が全女の後楽園大会で渡辺智子&バット吉永相手に潰すような試合をやったりして、一時期は両団体が絶縁状態になりかけたんですよね。それで1993年4月2日に横浜アリーナでやった最初のオールスター戦もFMWは出場しないかもしれなかったという。

工藤　私は交渉事にはノータッチだったのであまりわからないんですけど、大仁田さんや上の方が出て行って話をつけてきてくださって。それで私たちも出られることになったんです。

玉袋　そういう会社同士の交渉も含めて、馴れ合いじゃなかったからこそ、あの頃の対抗戦はおもしろかったんだろうな。

ガンツ　結局、オールスター戦のメインイベントは、工藤さんとコンバットさんが全女の豊田真奈美&山田敏代とやったんですよね。

玉袋　それで終電で帰れなくなったんだよな（笑）。

ガンツ　試合中に午前0時を回っちゃって（笑）。あれは工藤さんもやりづらかったんじゃないですか？

工藤　そもそも待ち時間が長くて（笑）。

玉袋　そりゃ長えよ。始まる頃には日付が変わりそうなんだから（笑）。

工藤　試合までのモチベーションを保つのも大変だし。控室のモニターでほかの試合を観ながら、自分らの試合はほかと差別化したいって思うわけじゃないですか。でも、自分が使っている技がその前の試合でどんどん出てくるんで「何をしたらいいんだろ……」って思ったりとか。違うことをしたいと思っていても、20試合くらいあったので、どうしてもダブったりするんで。

ガンツ　しかも、よりによってセミファイナルが北斗晶vs神取忍ですからね。観客がメイン前に燃え尽きてるという（笑）。

玉袋　小川直也vs橋本真也のあとに、武藤敬司vsスコット・ノートンをやったようなもんだよな（笑）。

ガンツ　アントニオ猪木vsウイリー・ウイリアムスのあとのヤマハブラザースみたいな（笑）。

玉袋　出るほうはたまったもんじゃないよね。落語でいえば、トリで『芝浜』をやろうと思ったら、その前にみんなが『芝浜』やってるようなもんだからさ（笑）。でも、あのときお客さんもがんばったよ。俺たちも「終電がなくなったっていいや」って気持ちで最後まで観たからね。

工藤　「あの日はこうだったんだよ」っていう話をよくファン

の方からも聞きますね。「朝までみんなで語り合ってから帰った」とか（笑）。

ガンツ　終電を逃して行き場を失ったプロレスファンが、新横浜にあったSWS仮道場跡地にみんな自然と集まっていたんですよね（笑）。

玉袋　また、あの頃の新横浜は居酒屋とかほとんどなかったからね。カネ持ってるヤツだったらプリンスホテルのバーとかラウンジでも行っとけばいいんだけど、プロレスファンはそうじゃねえもんな。

ガンツ　あの日、新横浜周辺で記録的な数の自転車泥棒があったという話がありますからね（笑）。

工藤　アハハハハ。

玉袋　いい話って言っちゃいけないけど、いい話だよ（笑）。あのオールスター戦はそれぐらい盛り上がったんだけど、対抗戦がピークを迎えたあと、女子プロブーム自体が終わっていく感じになったじゃないですか。それは肌で感じていたんですか？

工藤　感じていましたし、私自身が「対抗戦はもうやりたくない」っていうのを会社にハッキリ言ってて。まだそのときは対抗戦ブームが残っていたので、どうしても会社としては対抗戦を中に入れていくっていう感じだったんですけど、私は断固として「やりたくない」っていうのは伝えていましたね。

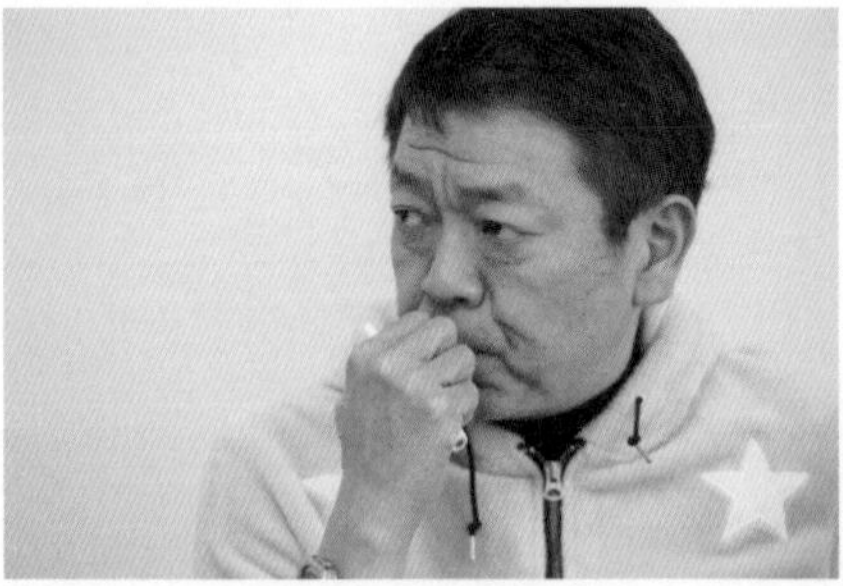

ガンツ　同期のアジャさんと一騎打ちをやったら、もう対抗戦でそれ以上に意味のあるカードもなかったですもんね。

工藤　ちょっと時系列はハッキリしないんですけど、対抗戦の後期ぐらいから、私は自分の中で引退が見えていたと思うんですよね。だから残された時間の中で「対抗戦より団体内に力を入れたい」っていう気持ちだったと思います。

ガンツ　団体内の話でいうと、FMWは男女混合団体だから、ザ・シークさんとかと一緒に巡業してたっていうのは、いま考えると凄いですね（笑）。

工藤　ガイジンさんはバスが別なんですけど、ヒール軍の女子はシークさんとバスが一緒でしたね（笑）。

ガンツ　工藤さんの中で印象に残っている外国人レスラーは誰ですか？

工藤　私はもともとテリー・ファンク選手が好きだったので、来日されたときは毎回サインをもらったんです。テリーさんはサインだけじゃなく、毎回長いメッセージも書いてくれていたんですよ。それを毎回貯めてましたね。

椎名　ボクもFMWの会場でサインしてもらいましたけど、テリーはめっちゃやさしかったですね。

工藤　あとはタイガー・ジェット・シンさんも紳士でした。だけどシークさんは別格というか、最後の最後まで本当に怖くて。もし捕まったら刺されちゃうんじゃないかっていうくらい、殺気みたいなものがありましたね。

玉袋　バックヤードでもそうなんですか？

工藤　怖いですよ。たとえばすれ違って挨拶をしたら、普通の外国人選手の方はニコッと笑ったりとかされるんですけど、シークさんはギロッと睨むその目が怖くて。

ガンツ　アリーナに一歩足を踏み入れたら、「ザ・シーク」になるんですかね。

椎名　ＦＭＷは本当にいろんな外国人選手が来てたから、そこもおもしろかったよね。

玉袋　俺が『炎のバトル』で九州に行ったとき、ＦＭＷの選手たちと同じホテルでさ。あのときはだだっ広い原っぱでの興行だったから、試合が終わった順にタクシーに乗せて帰ったんだよ。それで俺も違うタクシーに乗ったんだけど、無線でみんなとつながっていて、ほかのタクシーの運ちゃんが「俺のところにいまカメが乗ってるんだけど」「こっちはパンダが乗ってるぞ」とか言ってたもんな（笑）。

ガンツ　あの頃のＦＭＷは、そういう着ぐるみレスラーもちゃんと本物を海外から呼んでいたのが素晴らしかったですよね。

「後藤さんとの仲はよくなかったですね。根本的に考え方が違っていて、女子に対する締めつけが凄かったんです」（工藤）

玉袋　あと、ＦＭＷといったらタイトンとグラジだろ。

椎名　グラジエーターのノータッチトペとか凄かったですよね。

工藤　タイトンやグラジになると、外国人選手というよりもＦＭＷファミリーっていう意識でしたね。

玉袋　その工藤さんにとっても〝ファミリー〟だったＦＭＷを去るときがくるわけだけど、工藤さんぐらいの人気選手だと「引退はちょっと待ってくれ」という引き止めも絶対にあるでしょ？

工藤　大仁田さんが辞められたあと、次は私が豊田と一緒に辞めようと思っていたんですけど、やっぱり「一度にふたりは……」っていうふうに言われて。それで私と豊田でいろいろ話した結果、豊田が先に辞めて、その1年後に私も辞めますっていうことになったんです。

ガンツ　大仁田さんが最初に引退するって言ったときは、「これからFMWはどうなっちゃうんだろう?」って思いませんでしたか?

工藤　思いました。男子の中でハヤブサ選手という次のエースはいたんですけど、あまりにも大仁田さんの存在が大きかったので。実際、大仁田さんが辞められたあと、一発目の興行の入りを見たときに「ここまで変わってしまうの!?」っていうくらいお客さんがまったく入ってなくて。「これで私たちはやっていけるの?」ってそのとき凄く思いましたね。埼玉での興行だったんですけど、本当に数えるくらいしか観客がいなくて。

ガンツ　それまでは大仁田さんのさよならシリーズで、全国どこでも超満員続きだったわけですもんね。

玉袋　そのギャップが凄すぎて、残されたほうは不安になるだろうな。

ガンツ　大仁田さんの引退前に、突然ターザン後藤さんが辞めると言い出したとき、FMWの選手たちはどう思っていたんですか?

工藤　ハッキリと聞かされていなかったのでビックリしましたね。

玉袋　工藤さんと後藤さんの仲っていうのはどうだったんですか?

工藤　まあ、よくないですね(笑)。

椎名　工藤さんの本を読んでいても、後藤さんからFMW女子に対して相当な締めつけがあって、腹を立ててるなっていう印象なんですよね(笑)。

工藤　締めつけは凄かったですね。後藤さんとは考え方が根本的に違うっていうのがあって。大仁田さんとは「こういう考えなんです」「じゃあ、こうしなさい」ってディスカッションができたんですよ。大仁田さんはわがままな面もあるかもしれないですけど、聞く耳は持ってくれるし、「女子はこうなんです」って言うと、それを採り入れてくれて「じゃあ、やってみなさい」っていう感じのスタンスだったんですね。だから自由にやれたっていうのがあったんですけど、後藤さんとはそういう関係が築けなくて一方的なものだったんで。

椎名　「こういう試合をしろ」ってことなんですか?

工藤　試合に対してもそうなんですけど、マッチメイクに関してもそうですし、すべてにおいてですね(笑)。

ガンツ　コンバット豊田さんも「私と工藤は、後藤さんがダメだった」って言ってましたね。それでFMWの人たちは裏では「後藤さん」と呼ばずに、差別用語的に「鬼」って呼んでいたという(笑)。

工藤　アハハハ。コスチュームに「鬼」って書いてあったので、みんなでそう呼んでましたね(笑)。

椎名　鬼呼ばわり(笑)。

ガンツ　「あっ、鬼来たよ」って(笑)。

椎名　「鬼は外！」（笑）。

玉袋　鬼滅だよ、ホントに（笑）。

工藤　後藤さんと何が食い違ってしまったかっていう根本は、後藤さんは絶対に男子プロレスが主なんですよ。私は女子プロレスから来ているので、どうしても新人時代に植えつけられた考え方が入るんですけど、後藤さんはそれを拒絶したいわけですよね。

ガンツ　違う文化を根絶させたいと。

工藤　だから土屋や前泊といった生粋のFMW女子を、自分が男子のやり方で育てたいと。でも実際に絡むのは私たち女子じゃないですか。だからそういうところで方針というか考え方が違うし、土屋や前泊が全女さんに殴り込みに行ったときも、そこには後藤さんのものが注入されているから、そのままぶつけてしまうと〝鬼スタイル〟になってしまうっていう（笑）。

ガンツ　そして一時期、全女からも「鬼お断り」が来たと（笑）。

工藤　べつに私は男子を否定しているわけじゃないんですよ。でも「そこってミックスしてもいいんじゃないですか？」って思っていて。

椎名　工藤さんからすれば、女子は鬼スタイルだけだとうまくいかないってことなんですよね。「鬼、カテエよ！」って感じで（笑）。

ガンツ　そういうこともあって、大仁田さんは自分が引退する前に後藤さんを排除しようとしたという。

椎名　うまく回らないのが見えてたんだろうね。

ガンツ　それで後藤さんは自分が排除されそうなことに気づいて、大仁田さんの引退前に自分からFMWを辞めたって、松永光弘さんが全部教えてくれました（笑）。

玉袋　またあの人も事情通なんだよな。それで中身がちょっとオバサン入ってるから（笑）。

椎名　噂の鳥を放つのが大好き（笑）。

「FMW時代、工藤さんが寝ているコンバット豊田さんの口にチョコレートを放り込んでイタズラしてたって話が大好きなんですよ」（椎名）

ガンツ　そして大仁田さんが引退したちょうど丸1年後が豊田さんの引退試合で。そこで工藤さんと史上初の女子による電流爆破マッチをやるわけですよね。

玉袋　女子が爆破だもんな。これは信頼できてる豊田さんだからこそ、危険なところに入っていけるっていうのもあったのかな。

工藤　そうですね。すんなりではなかったですけど、もちろん最終的にはやろうと思っていたんで。

ガンツ　そして豊田さんが爆破したシーンが週プロの表紙になったんですよね。工藤さんの引退はその1年後ですか？

工藤　翌年ですけど4月だったので、1年経ってなかったですね。

玉袋　そのときでおいくつだったんだろ？

工藤　引退したのは27歳ですね。

ガンツ　もう「目一杯やった」って感じでしたか？

工藤　それまでは「対抗戦をやりたくない」って言っていたんですけど、デスマッチに関しては引退前に他団体の選手といろいろ当たって凄い充実したので「もうやり残したことがない」と思うくらいにやりましたね。

玉袋　邪道姫がデスマッチの女王として引退したわけだもんな。引退後のビジョンっていうのは、最後の試合の前からあったんですか？　サムライTVから声がかかってたとか。

工藤　「引退後に番組に出てください」とは言われていたんですけど、まさかあんなに長く番組に携わるとは思っていなかったですね。

玉袋　俺たち浅草キッドは、サムライで金曜日担当だったけど、2年くらいで打ち切られちゃったもんな（笑）。工藤さんはすげえよ。

ガンツ　そしていまもZERO1のゼネラルマネージャーとして、プロレス界に貢献されているわけですよね。

工藤　いまもプロレスに携わらせていただいていて、ありがたいことですね。

玉袋　全女を2年ちょっとで辞めた人が、これだけ長く続いてるわけだもんな。

椎名　すべてはFMWに乱入してから、人生が開けていったわけですもんね。

工藤　しかも自分で計算してじゃなくて、タイミングとか運に凄く恵まれたんだと思います。

ガンツ　そして「くどめ大好き」の表紙から、来年で30年なんですよね。

玉袋　光陰矢の如しだな。あの頃、週プロを1日でも早く買おうと思って、水曜日に新宿伊勢丹前のきたねえ路上売店に買いに行ったりしたもんな。新中野のデイリーヤマザキが週プロの早売りしているっていうのを俺たちがラジオで言ったら、そこがプロレスファンの聖地になっちゃったりとかね（笑）。今日はその頃の気持ちがよみがえってきて、楽しかったですよ。

工藤　私もそうですね。ありがとうございました。

椎名　あの……最後にちょっと聞いてもいいですか？　工藤さんがFMW時代、コンバット豊田さんが口を開けて寝てるとそこにチョコレートを放り込んで、豊田さんが眠ってるのにむしゃむしゃ食べちゃうからまた放り込むっていうイタズラが好きだった、って話がボクは凄く好きなんですけど（笑）。

玉袋　いい話だよ。

椎名　本当にやってたんですか？

工藤　やりました（笑）。

玉袋　ハートウォーミングな話だよ～。睡眠時に無呼吸になっ

ちゃったりするタイプだからさ、たぶん口が開いちゃうんだよ（笑）。

ガンツ　それが巡業中、バス移動でのイタズラだったんですね（笑）。

工藤　あと新人のときとかは、みんな身体が疲れているので順番にほぐしたりするんですよ。「10分交代ね」って時計をセットしてやるんですけど、豊田が見てない間に時計を戻して。すると「なんか長くない？」って言いながらも全然疑わないので、長時間マッサージをやっていたりとか（笑）。

玉袋　それ、サザエさんだよ。サザエさんの実写版はコンバット豊田だよ（笑）。

工藤　豊田は同期っていうよりもきょうだいみたいな感じだったので、そういうことができたんですよね。

玉袋　きょうだいか〜。やっぱりFMWは聖家族だったんだな（笑）。

ガンツ　「だから、くどめ大好き！」というわけで、ありがとうございました！

自己投影観戦記
できれば強くなりたかった

第106回 阿部一二三と丸山城志郎の死闘

椎名基樹

椎名基樹（しいな・もとき）1968年4月11日生まれ。放送作家。コラムニスト。

12月13日に東京オリンピック柔道男子66キロ級の代表を決める試合が行われた。阿部一二三vs丸山城志郎の勝者が、東京オリンピックの切符を手にする。ワンマッチによる選考は史上初めてだと言う。他の階級の代表はすでに決定しているが、66キロ級はこのふたりの実力・戦績があまりに拮抗しているため内定が持ち越しされていた。

2017年、2018年の世界選手権覇者である阿部が優位と見られていたが、2018年のグランドスラム（以下GS）大阪大会から丸山が直接対決で連勝。2019年の世界選手権でも阿部を破って優勝した。しかし、丸山が優勝すれば内定と思われた2019年のGS大阪大会では、阿部が丸山を破って優勝。さらに丸山がひざの負傷で欠場したGSデュッセルドルフ大会も阿部が制して追い上げを見せ、評価は拮抗した。

ふたりが争う代表の座は、2020年4月の全日本選抜体重別選手権の結果を見て決める予定だったが、コロナ禍で大会が延期となり、全日本柔道連盟は選考対象大会を12月11～13日で開催を予定していたGS東京大会とすることを発表するも、この大会もコロナ禍で中止。これ以上の選考延長を避けるため、日本柔道界で初めて、ワンマッチで代表選手を決める形となった。

決着の場所は講道館。世紀の一戦を前に試合会場の「大道場」の畳はすべて張り替えられた。決戦は無観客試合で行われた。無観客試合は、まさに果たし合いの風情だ。巌流島の闘いになぞらえた一戦。

この試合は急きょテレビで生中継されることになった。私は一応前の日に録画予約をし、試合当日は30分前に中継するテレビ東京にチャンネルを合わせ待ち構えた。柔道の試合をここまで心待ちにした記憶がない。これほどわかりやすい試合も、ワンマッチ放送という斬新な企画も初めてだ。そしてこれほど残酷な試合もない。

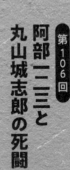

試合は本戦4分。延長戦20分。計24分の死闘となった。しかし、テレ東は1時間以上も放送時間を確保しておきながら、試合開始時間が遅かったため、試合がすべて放送内に収まらないという大失態を演じてしまった（笑）。中継が途中で打ち切られてしまい、私も悲鳴をあげながらスマホでYouTubeを立ち上げて、なんとか観戦を続けた。苦情が多数寄せられたらしいが、この24分間の死闘を生中継できたら歴史に残る放送をモノにしたはずで、テレ東の間抜けぶりに同情を禁じえない（笑）。

それにしても息がつまるような24分間であった。テレ東のアナウンサーは試合前にしきりに「人生が変わる闘い」と言って、この世紀の対決を煽った。私は「軽々しくそんなこと言うなよ」と思った。柔道家の夢はオリンピック出場であり、そのために払った犠牲は常人が想像もできないほど大きいだろう。この試合に勝つと負けるでは天国と地獄だ。でも「人生が変わる」は何か違う。少なくとも他人が無責任に言う言葉じゃないと思う。

ただ、敗れた丸山が、唇を震わせながら「自分を信じて、妻を信じて……毎日稽古をした大野先輩に感謝の気持ちでいっぱいです」と振り絞るように話し、「勝負の世界は結果がすべて。結果で恩返ししようと思っていたので、恩返しできなくて申し訳ない気持ちもある」と話すのを聞くと胸が痛い。才能があり、努力をし、強く欲しても手に入らないものがある。

私はオリンピックだけが唯一の価値である柔道の状況が少しでも変わったらいいと思う。かつてPRIDEが全盛期だった頃、柔道のオリンピック金メダリストが続々と参戦してきた。柔道家はオリンピックのチャレンジが終わったあと、若くして引退しなければならない。オリンピックの代表を争う長い闘いに挑むのは、若いときにしかできない。しかし柔道家の多くは、そのチャレンジが終わったあとも闘志がくすぶっているようだ。そうした選手が闘えるもっと自由な場があればいい。

選手のためを思ってそう言っているわけではなく、私が彼らの闘いを観たいからだ。メダリストたちがワンマッチでぶつかり合う柔道の興行があったらめちゃくちゃ観たい。PRIDEにおいて世間にもっとも届いた試合は、結局、吉田秀彦vs小川直也だったと思う。階級を超えた柔道のワンマッチが並んだ興行があったら、きっと大人気となるのではないだろうか。全日本柔道連盟がそれをやってもいい時代なのではないかとも思う。もうアマチュアもプロもないでしょ。

オリンピックは素晴らしいものだけれど、話がややこしくなる原因でもある。スポーツは大衆の中になければ真に輝かないと思う。政治の外に出た柔道をぜひぜひ見てみたいものだ。

話は戻るが、今回のテレビ東京の柔道中継はまるでプロレスや格闘技の中継を観ているようだった。女子アナウンサーが試合前に選手控え室の扉の前からレポートした。小声で、中から聞こえてくる声や、選手のアップの内容などを伝えるのは、プロレスや格闘技の中継の定番である。たぶん、柔道連盟側にも大衆に柔道をアピールする意図が今回の巌流島ワンマッチにはあり、プロスポーツ興行のような演出を求めたのではないか。

東京オリンピックを機に柔道人気が上がり、「プロ柔道」的なものが立ち上がったら、足を運べる興行ができて嬉しい。阿部一二三vs丸山城志郎がそこで「名勝負数え歌」なんて呼ばれたりして。

最後にあらためて、今回の闘いには「人生」と言うものを考えさせられた。忘れられない闘いになるだろう。両者にありがとうと言いたいが、丸山選手を思うと、それすら申し訳ない気がする。

この一戦の前日には、アンソニー・ジョシュアのヘビー級タイトルマッチがあった。12月19日にはゴロフキンのIBFのタイトルマッチ、20日はなんとなんと、カネロvsカラム・スミスのWBAスーパーミドル級の統一戦が決定!! 急に忙しい年末になってしまった。うれしい悲鳴だ。

かわいすぎるチャンピオン誕生！
格闘家と美容師の二刀流生活は
想像以上に過酷だった !!

菅原美優

［第3代Krush女子アトム級王者］

「朝８時前に出勤してスタイリストになる練習をして、途中でジムに行って練習して、またサロンに戻って終電前くらいまで練習しています。毎日そういう生活を送って４キロ痩せましたから。減量する必要がなくなっちゃって、むしろ試合前はめっちゃ食べなきゃいけないんです（笑）」

収録日：2020 年 12 月 5 日　撮影：タイコウクニヨシ　試合写真：©K-1
聞き手：井上崇宏　取材協力：『air-GINZA tower』　東京都港区新橋 1-4-1 wamiles 銀座タワー 1F・2F

TIME BE
UTY

「小さい頃から虫が大好きで、いまはゲテモノカフェに行ってムカデとかセミとかを食べてます（笑）」

――このたびは第3代Ｋｒｕｓｈ女子アトム級王座戴冠、おめでとうございます。ベルトを腰に巻くっていうのはどんな気持ちですか？

菅原　正直、あの場では「あっ、そうだ。ベルトを巻かれるんだ」って感じでチャンピオンになった実感がなかったし、そう思う余裕もなかったですね。とにかくタイトルマッチということまで気持ちが追いついてなくて、ひとつの試合ということに精一杯で。だから試合に勝って、表彰式になってから「あっ、ベルトがあるんだ！」って感じで率直にうれしいっていうのはありましたね。

――Ｋｒｕｓｈのチャンピオンというのは直近の目標というか、夢ではあったんですよね？

菅原　そうですね。でも想像よりも遥かに早く来ちゃって。もっとゆっくりと時間をかけてたどり着くつもりだったので。いまコロナで外国人選手が日本に来れないので、パヤーフォン（・アユタヤファイトジム）ちゃんとやって、そこで勝ったらチャンピオンになれると思っていたので、もう1個上まで見ていたというか。だから高梨（ｋｎｕｃｋｌｅ美穂）さんがベルトを返上しちゃって急きょトーナメントになったことで自分の予定がだいぶ狂ったというか。

――ということは、チャンピオンの実感っていうのはまだそこまでない感じですか？

菅原　いやでも、終わってからまわりの人がよろこんでくれたりとか、練習を再開して次のことを考えたりすると「もっともっとがんばらないとな」って思ってますね。

――そもそも空手をやられていたんですよね。

菅原　はい。６歳くらいからですね。

――ご実家が東京の板橋区で、お父さん、お母さんは何をされている方ですか？

菅原　お父さんの地元が板橋で、水道とか電気関係の職人さんですね。お母さんはもともとは埼玉の人で１００均でレジ打ちをしてます。それで私はひとりっ子なんですけど、お父さんが高校生のときに通っていた空手道場に入ったんですよ。館長さんがお父さんの中学校の先輩で「連れてきなよ」みたいな。

――ちなみにお父さんはおいくつですか？

菅原　48か、たしか49ですね。

――あっ、ボクと同い年ですね。そうか、もうそういうことになるんですね（笑）。空手の流派は？

菅原　いちおうフルコンタクト空手ではあるんですけど、特に流派はないですね。型とかもやらずに、どっちかというとキックボクシングに近くて、新空手の大会に出ていたので新空手ルールのための練習をしていた感じですね。

——じゃあ、グローブを着けて。空手は楽しく習えてたんですか？

菅原 やっぱひとりっ子だったから、まわりに人がたくさんいてワイワイできる環境が楽しかったですね。でも空手自体はそんなには好きじゃなかったんですよ。痛いし、身長もちっちゃかったので男の子とやったらふっ飛ばされまくるので嫌でした。だけど道場にいるのが楽しくて続けていた感じですね。

——性格的にはもともと女の子っぽいんですか？

菅原 いや、男っぽいんですよ。ままごととかができなくて、外に出て池に突っ込んじゃったりとか、虫捕りとか、木登りとかそういう遊びばっかりしてました。家から10分くらいのところにいとこがいたんですけど、そのいとこが男3兄弟で。自分に兄弟がいないからどこに行って遊ぶにもいとこと一緒だったので、自然と男の子の遊びのほうが多くなっちゃったのかなって。

——あっ、虫捕りといえば、菅原さんって虫を食べるのが好きなんですか？

菅原 ああ、はい（笑）。虫って高タンパク、低脂質なんですよ。

——最近、無印良品のコオロギせんべいとかも話題ですよね。

菅原 あっ、そうです。それはまだ食べたことがないんですけど、というかあんな綺麗なものじゃなくて、私はゲテモノカフェに行ってムカデとかセミとかを食べてます（笑）。

——あっ、お金を払って食べてるんですか。

菅原 いえ、人様のお金で（笑）。

——ああ、スポンサーさんとか（笑）。

菅原 「どこか行きたいところないの？」って聞かれるので、「だったら……」って（笑）。

——応援する甲斐がない！（笑）。スポンサーさんだって肉を食べさせたいでしょう。だってスポンサーさんは虫は食べないでしょ？

菅原 「うわっ……」ってなってますね（笑）。

——いつから虫を食べてるんですか？

菅原 私は小さい頃から虫が大好きで、読書とかは苦手だったんですけど、唯一読んでいたのが虫の図鑑と漢字の辞書で。

——虫の図鑑はわかりますけど、どうして漢字の辞書（笑）。

菅原 だから漢字は得意で、漢検2級を取ってるんで。小学校で読書の時間があって、そのときにずっと虫の図鑑と漢字ドリルを読んでいたので虫が凄く好きになっちゃって。

「お母さんとふたりでK-1 MAXをめっちゃ観に行ってました。ブアカーオ選手のことが凄く好きでした」

——虫好きが高じて、食べるようにもなったってことですか？

菅原　いや、それは好奇心ですね。「ちょっと食べてみたいな」って。だから小さい頃、アリとかダンゴ虫を食べちゃったりとかしてましたね。

――えっ、ウソでしょ？　アリとかダンゴ虫ってうまかったですか？

菅原　ダンゴ虫は憶えてないんですけど、アリは酸っぱいですね。大丈夫ですか、これ？（笑）。

――どうしますか？（笑）。

菅原　いえ、大丈夫です。使ってください（笑）。でも虫だけじゃなくて、なんでもモノを口に入れて試すクセがあって、ホコリとかも食べちゃったりとか。

――ホコリを食ってた!?　掃除機じゃないんだから（笑）。

菅原　なんでも口に入れて確かめたくなる性格だったのか、お母さんにショッピングモールに連れて行かれると、床に這いつくばって口の中パンパンに綿埃を詰め込んでたりとか。

――めっちゃ気持ち悪いですね！（笑）。

菅原　やばいヤツでしたね（笑）。そういうことばっかりで、女の子らしさがまったくなかったですね。

――男らしさもないですよ！（笑）。

菅原　おかげで食べ物の好き嫌いもなく、なんでもいけます（笑）。

――お父さんがボクと同い年ってことは、K－1とかPRIDE直撃のいちばん熱い世代なんですけど、やっぱりその影響はかなり受けました？

菅原　最初はお父さんの影響なんですけど、でも格闘技にハマっちゃったのはお母さんのほうなんですよ。だから私はお母さんとふたりでK－1 MAXをめっちゃ観に行ってましたね。

――贔屓にしている選手とかいました？

菅原　私はブアカーオ（・ポー・プラムック）選手が好きでしたね。

――あっ、ブアカーオが初恋の人っていうのは本当ですか？

菅原　初恋ではないんですけど、小学校のときはジャニーズよりも全然好きでしたね。というか、ジャニーズとかにハマったことがなくて（笑）。ブアカーオ選手のことは凄く好きで、カッコよく見えたんですよね。

――実際にカッコいいですもんね。強いし。

菅原　正直、魔裟斗さんよりも好きでした（笑）。だから物販とかにも並んで、お母さんは魔裟斗さんのグッズを買うんですけど、自分はブアカーオのグッズを買ってもらったりして。

――お母さんも空手をやってるお父さんと結婚するくらいだから、もともと強い人が好きなんでしょうね。

菅原　そうですね。お母さんもけっこうな変わり者で、虫好きもお母さんの影響なんですよ。お母さんがなんでも触るタイプで、小さい頃からいろんな虫を見せられてきたというか。

たとえばクモの糸を引っ張るとブランブラ～ンってなるじゃないですか？　ああいうのをお母さんに教えてもらって「楽しいー！」って（笑）。

――楽しいー！（笑）。

菅原　あとは「カメムシはクサい」とかも教えてもらって。「あっ、クサーい！　おもしろーい！」みたいな（笑）。

――アハハハハ！　お母さん、育ちが悪かったんでしょうね（笑）。

菅原　お母さんは野生児ですね。

――じゃあ、空手をやっていてK‐1 MAXが好きで、わりとすぐに「私もやってみたい」っていう気持ちがあったんですか？

菅原　「ああいうカッコいい人になりたい、キラキラした人になりたいな」っていうのはありましたけど、「あのリングに立って殴り合いをしたい」っていうのはそこまでは考えていなかったですね。

――余談ですが、本当の初恋の人はどなたですか？

菅原　初恋の人は、幼稚園のときの……。

――あっ、できたらもうちょっと先の話がいいですね（笑）。

菅原　そうしたら同じ道場の男の子が好きでしたね。1個上の男の子で、カッコよくて、強くて、やさしくて、いっぱい遊んでくれたんですね。私、その子のことを6年間くらいずっと好きでした。好きだってことに小学校2年生くらいで気づいて、中学で離れるまでずっと。

「中学3年間は空手を辞めていたんです。『痛いじゃん！　これ、何が楽しいの？』みたいになって（笑）」

――この流れで聞きますが、どういったタイプの男性が好きですか？

菅原　男らしい人が好きですね。ありきたりなんですけど、やさしい人とかがいいです。でも誰にでもやさしい人じゃなくて、なんかやさしさにメリハリをつけられるみたいな（笑）。甘やかすだけじゃなく、怒るときは怒ってくれる人。歳上がいいですね。

――こういう人気商売は「好きなタイプは歳上」って言っておけば間違いないらしいですよ。なので、「歳上で普通のお仕事をしている人がいいです」って言っておいてくださいね。観客席にいる人たちはほとんどがそうですから（笑）。

菅原　わかりました（笑）。

――高校は地元ですか？

菅原　地元の都立に家からチャリンコで通ってましたね。そこに総合科という単位制の科があって、大学みたいに自分で授業を組んだりするんですよ。いろんな分野があって、私が取っていた授業だとフランス語だったりとか。まったく憶えてないですけど（笑）。あとは生涯スポーツとか保育とかもあって、夢がしっかりある子にはいいかもしれないですね。

――高校時代も空手はずっとやってたんですか？

菅原　そうですね。でも中学校の3年間は辞めていたというか、ほぼ道場に行かなかったんですよ。痛いのがもう嫌で。

――冷静に考えたら、「痛いじゃん、これ！」と（笑）。

菅原　「痛いじゃん！　これ、何が楽しいの？」みたいになって（笑）。それで受験を理由に行かなくなったりして。

――部活は何かやってたんですか？

菅原　中学のときは陸上部で、中長距離の800メートルをやってました。でも強豪校じゃないし、「体力がつくかな」くらいで。私の代で廃部になるかもって感じだったので遊びじゃないですけど、楽しい感じで入った部活だったんですよ。だから全然厳しくないし、めちゃめちゃ自由でしたね。跳び箱をしたりとか、バスケしたりとか、みんなで縄跳びしたりとか。

――陸上のテイを成してないっていう（笑）。

菅原　でもみんな運動神経がいい子たちだったので、まあまあ足も速いみたいな（笑）。

――高校に入ってからまた空手に復帰するのには、何かきっかけがあったんですか？

菅原　お父さんはずっと継続して通ってたんですけど、そのうちお母さんまでやり始めたんですよ。私が小学校のときに試合に出て、負けたらお母さんになんか言われるじゃないですか。そのときに「やってもいないのに言わないでよ！」みたいに私が言うんですけど、そうしたらお母さんが「じゃあ、やってやるよ！」みたいになって。

――お母さん、いいですねー（笑）。

菅原　それでお母さんは新空手の試合まで出たんですよ。だから私も何も言えなくなって、「はいはい、すみませんでした！」って（笑）。もうお母さんがドハマリしたものですから。

――お母さん、すぐにのめり込みますね（笑）。

菅原　だから中学3年間は、お父さんとお母さんがふたりで空手の練習に行って、私がひとりで夜にお留守番っていう感じで（笑）。それで高校受験が終わって中学を卒業して、自分の時間が少し作れるようになった頃に「美優もひさしぶりに行けば？」みたいな感じで言われたのが戻ったきっかけですね。その頃はもう男女で分かれてるので痛いとかもそんなになく、またみんなといるのが楽しいんで。それで「ひさしぶりに試合でも出てみるか？」となって、出てみたら楽しく試合ができたというか。そこからですね、やる気が出てきたのは。それで新空手で2回ベルトを獲りました。それからアマチュアK-1に出るようになった感じですね。

――やっぱり数あるプロモーションの中でK-1を選択した。

ニーズ・プラス
たっとん亭
山田工業
© N.FUKUDA

air
© N.FUKUDA

菅原　K－1が好きすぎて（笑）。高校に入ってからはバイトをしてお金も入るようになったので、自分でチケットを買って試合を観に行くようになって「やっぱりK－1がいいな」と思って。新生K－1が戻ってきたくらいのときですね。

――じゃあ、徐々にピントが合ってきますよね。またK－1が始まった、私そこそこ強い、あれ？　みたいな。バイトは何をやってたんですか？

菅原　最初、2カ月くらいはくら寿司でフロアをやっていて、そのあとお母さんが働いてた100均で高校を卒業してデビューするまでずっと働いていましたね。高校2年生からは掛け持ちでブライダルのバイトもやったり。

――ブライダルのバイトってどんなことをやるんですか？

菅原　式場でウエイトレスをやってましたね。

――高校では部活は？

菅原　バスケ部でしたけど、そんなに強い部活でもなかったので早めに抜けて空手の練習に行ってっていう感じで。最初の走りだけ一緒にやって、それでもう行くみたいな（笑）。

――ほぼボールに触らず（笑）。

菅原　体力だけつけに行くみたいな（笑）。

――バスケの格好だけして走って、「それじゃ！」っていう（笑）。菅原さんって変わってますねー。

菅原　ちょっと変わってるかもしれないです（笑）。

「私、人とお付き合いすると気持ち悪くなっちゃうんですよ。病気っスよね、マジで（笑）」

――つかぬことをお聞きしますけど、自分のことをかわいいなと思ったのはいくつくらいですか？（笑）。

菅原　小さい頃からめっちゃ愛嬌がよくて人見知りをしなかったので、どこに行っても「かわいいー」って言われてたんですよ。小さい子って知らない人に触られたりしたら泣くじゃないですか？　でも私は笑顔だから「かわいいね！」って小さい頃から言われてて、「かわいいのかな？」って自分でも思っちゃって（笑）。

――じゃあ、ずっとかわいいんですね。でも愛嬌のかわいいと、容姿のかわいいとはまた別じゃないですか。容姿的なところでの自覚は？

菅原　容姿を気にし出したのは化粧を覚え始めた高校生くらいですかね。

――お化粧もバッチリ決まって、「あれ、ちょっとベースがよすぎるんじゃないか？」みたいな。

菅原　いやいや（笑）。でも楽しさは覚えましたね。

――高校に行けば彼氏とかもできますよね。初めてできた彼氏はいつですか？

菅原　初めてできたのは中学校のときです。１年生のときに小学校が同じだった男の子とお付き合いをして、わりとすぐに別れましたけど。私、気持ち悪くなっちゃうんですよね（笑）。

――人を好きになると？

菅原　なんて言うんだろ……。「あれ？　なんでこの人と付き合ってるんだっけ？　なんでこの人を好きになったんだっけ？　なんで？　なんで？　気持ち悪っ！」ってなってきちゃうんですよ。

――はい？（笑）。

菅原　病気っスよね、マジで（笑）。

――えっ、どういうことですか？

菅原　わかんないんですよ。高校までそれがあって、「えっ、なんでだろ？」みたいになってきちゃって別れるみたいな。だから私と付き合う人はかわいそうだってお母さんも言うんですけど、みんな「好き、好き」っていうのが多かったんですよ。

――やっぱり人気なんですね。

菅原　まあ、いろいろありますよね。ゴタゴタが。

――ゴタゴタが！（笑）。えっ、どういうゴタゴタですか？

菅原　さっきも言った男３兄弟のいとこの真ん中が私と同い年なんですけど、その子がイケメンでまあまあモテるんですよ。まず、それでもう女の人からしたら気に入らないんですよ。

――ああ、モテてる男の子と仲良くしていたら。でも、いとこですからね。

菅原　そうなんですよ。みんなバカなんですよ。んなわけないのに、みんな私のことが気に入らなくなって、でも私もこういう性格だからやっぱり男の子も遊びに誘いやすいというか。「虫捕りに行こう」とか「釣り堀に行こう」とかって。そうしたら「なんで女の子ひとりでそっちと遊んでるの？」みたいなことが気に入らなかったみたいで。

――「アイツ、いつも男子と一緒に遊んでるじゃん」みたいな。

菅原　そうなんですよ。それで小学校のときは一部のませてる女の子たちから「なんなん、アイツ！」みたいなのがあって嫌でしたね。

――それは菅原さんがモテてたんじゃなくて、いとこがモテてたって話ですね（笑）。

菅原　いとこがモテてたんですよ（笑）。まあ、それで「美優に取られた」ってブログに悪口を書かれちゃったりして。

――ブログに！（笑）。それは実名で？

菅原　いや、「M子」みたいな（笑）。

――M子！「M優」じゃなくて（笑）。

菅原　あれを見つけちゃったときの衝撃は凄かったですけどね。

――性格的にそういうときって落ち込むんですか？

菅原　べつにまあ、「なんなの？」みたいな（笑）。

「専門学校を受験して合格通知が届いたんですけど、その1カ月後くらいに『プロにならない？』って誘われて」

――付き合うとキモくなるっていう病気は、いつぐらいまで？

菅原　その病気は学生までありましたね。私は彼氏からけっこう溺愛されるタイプなんですよ。「かわいいね、かわいいねー」って。

――溺愛されるタイプ（笑）。

菅原　「人間として見られてるのかな？」って。ペットの犬みたいな扱いを受けている感覚になってきちゃって、だんだん気持ち悪くなってくるんですよ。ムカつくっていうよりも生理的に無理になってくるというか。たぶん女の子にあるあるの、追われるよりも追いたいみたいな、そういうのもあったかもしれないですね。

――生物として男が弱く感じるってことなんですかね？

菅原　あー、そうかもしれないですね。よく言うんですけど「好きな人が牧場で、私は牛」みたいな関係がいいんですよね。大きく守ってくれるほうが。

――大きな敷地で放牧ね。

菅原　大きな中で守ってくれて、自由に走らせてくれるみたいな。いままで付き合ってた人はフラフープくらいのサイズで凄い苦しかったんですよ。

――フラフープ！（笑）。

菅原　それでどんどん気持ち悪くなってきちゃって、逃げ出しちゃうみたいな感じだったんで。

――エコノミー症候群だ（笑）。

菅原　でも、専門学校時代に牧場みたいな男性と出会って付き合いましたね。凄い歳上だったんですけどいい人で、やっとまともな恋愛ができたというか。高校生のときまでは「なに食べたい？」「どこ行きたい？」って聞いてくれるよりも私はなんでも食べちゃうんだから、どこでも連れて行ってほしかったんですよ。

――実際、なんでも食べちゃうんだから（笑）。

菅原　それは向こうのやさしさだっていうのも凄くわかるんですけど、選択権は自分みたいな感じで困っちゃってたので。でも大人の男の人っていろんなところに連れて行ってくれたりです。

――それでファイターになろうと思ったのはいつですか？

菅原　高校3年生の終わりですね。その頃は「ブライダルプランナーになりたい」って決めていて、専門学校を受験して合格通知が届いたんですけど、その1カ月後くらいに「プロにならない？」って誘われて。

――その頃はどういう状況ですか？

菅原　K－1アマチュアですね。高1、2のときに新空手でベルトを獲って、高2のときに別の団体からデビューの話をもらって、でもK－1がいいっていうことで高2の後半あたりからK－1アマチュアに出るようになっていたんです。

――その「プロにならない？」っていうのはどなたが声をかけてくれたんですか？

菅原　宮田（充＝当時K－1プロデューサー）さんでしたね。私、K－1が好きすぎてK－1甲子園のウグイス嬢もやってたんですけど、それはお母さんが応募したんですよ。「やってこい！」みたいな感じで。

――「いい声出してこい！」と（笑）。

菅原　ウグイス嬢をやりつつアマチュアに出たので、「ウグイス嬢をやっていたコが試合に出るよ」みたいな感じでちょっとビックリされて。そうしたら宮田さんから「プロになる気はないの？」って聞かれて、そこで初めて考え出したんですね。

――プロデューサーからそんな言葉をかけられたら意識しますよね。

菅原　それでちょっとやってみようかなと思って、そのタイミングでジムを変えたんですよ。

――それがシルバーウルフ？

菅原　はい。それで代表の大宮司（進）さんから「まだ美優ちゃんのことが何もわからないし、ちゃんと見てからがいいからもう1年アマチュアをやろう」って言われて、専門学校1年のときまでアマチュアに出て、2年になるくらいでプロデビューしました。

――ブライダルの専門学校は2年間行ってたんですか？

菅原　通ってました。

「いつも朝8時前くらいにサロンに来て、途中でジムで練習して、それからまたお店に戻ってくるんです」

――そこで美容師の資格も取れるんですか？

菅原　そうなんですよ。いまの時代はブライダルスタイリストになるのにも国家資格がないと人の髪も触れないから、絶対に持ってなきゃダメだってことで資格を取る感じで。でも入学したときにはプロになると決めてシルバーウルフで練習を始めていたので、学校の最初の二者面談のときから「私は格闘家になるので、国家資格は取りますけど就職はしません」って言い張ってきたんですよね。

――資格だけ取りますと。

菅原　それがデビューをして2戦目に入る前くらいに、いまの職場（エアーエンターテイメント）の役員の木村直人さんから「ファイターと両立できる環境をしっかり整えるから、ウチで働かないか？」と声をかけていただいて、いまここで働かせていただいているんですよ。

――引退してからの人生を考えて何か資格を取っておこうという発想ではなかったんですか？

菅原　国家資格は取っておこうっていう考えはあって、それはお母さんから「何か資格を持っておかないと、将来レジ打ちしかできないよ」って言われてて。

――「あたいみたいになっちゃうよ」と（笑）。

菅原　たしかに格闘技を30歳くらいまでやる気はなかったので、「資格は持っておいたほうがいいな」って考えたんですね。それがいま、こういう形になりまして。

――意外とベストな形というか、両立は大変でしょうけど「最強美容師」っていうのがちょっとしたフックというか、ひとつの武器になるわけじゃないですか。たぶん、そこの自覚はされていると思うんですけど。

菅原　そうですね。こないだのベルトを獲った試合でやっと目に見える結果が出たというか。美容業界には二刀流みたいなものがないので、サロン側からしても新しい挑戦だったんですよね。なのでひとつの結果が出せたことでサロン側も「あっ、できるじゃん」って凄い喜んでくれて、やっと恩返しができたかなっていうのがありましたね。

――髪は切れるんですか？

菅原　髪はまだ切れないですね。いまはシャンプーとかトリートメント、カラーを塗ったりとかですね。サロンに入ったらまずアシスタント時代というのがあって、アシスタントを終えるとスタイリストになれるんですね。私はまだアシスタント1年目なので。しかも、ウチのサロンは厳しいほうで、アシスタントからスタイリストになれるまでだいたい3、4年かかるので。

――長いですね。

菅原　いまは、いつも朝8時前くらいにサロンに来て。

――えっ、朝8時前!?

菅原　1年目なので開け作業とかあって。最初は同期が3人いたんですけど、ふたりとも辞めて1年目が私しかいないんですよ。

――明日から9時半でいいですよ。お店のオープンは何時ですか？

菅原　オープンは11時ですね。

――11時オープンのお店に朝8時前に来て、何をやっているんですか？

菅原　開け作業が30分くらいで、それから自分の準備を30分くらいで終わらせて、それから練習ですね。スタイリストになるためのカリキュラムがいっぱいあって、それをクリアしたらスタイリストになれるので、アシスタント期間の長さは人それぞれなんですけど。

——朝も練習をやるんですね。

菅原　はい。毎朝9時くらいから練習をして、10時過ぎくらいからミーティングが始まり、みんなでフロアを掃除して。それで11時にオープンして営業は21時までなんですけど、私はジムの練習があるのでいつも15時にあがらせてもらって、ここ（銀座）から三茶に行って16時から19時まで練習をしています。それからまたお店に戻ってきて。

——えっ、また戻ってくるんですか⁉

菅原　そうなんです。その時間はほぼ営業は終わっているので、そこからの時間はまたカリキュラムに合格するための練習をして、練習が終わるのがだいたい22時半から23時くらいなんですけど、そこから私は1年目だから閉め作業をやって。

——めちゃくちゃ大変ですね。その開け作業、閉め作業っていうのはどういうことをやるんですか？

菅原　毎日クロスとかを洗濯するのでそれを回収したりとか、1日使ったものを全部洗ったりとか、タオルの補充とか基礎的な仕事です。それがだいたい30分くらいかかりますね。

「男子選手はクソチャラいんですよ。ホント、吐きそうになるくらいヤバい！」

——そうなんだ。めっちゃがんばってるじゃないですか。

菅原　じつはそうなんですよ（笑）。

——今度、虫を送りますよ（笑）。

菅原　ホントですか（笑）。じつはそういう生活を毎日送っていて、仕事で4キロ痩せましたからね。減量する必要がなくなっちゃって、むしろ試合前はめっちゃ食べなきゃいけないんですよ（笑）。

——えーっ！（笑）。

菅原　いまはちょっと仕事にも慣れてきたのでまだいいんですけど、ピークのときは42、43キロとかになっちゃって（笑）。1年目の夏くらいまでは終電1個前で帰れたら早くて、だいたい終電ダッシュだったんですね。それで家が近くないので、帰るのが1時過ぎなんですよ。それで「ああ、お風呂に入らなきゃ……」ってお風呂に入るじゃないですか。そのあと「あぁ、ご飯……」。でも眠い。明日も朝早い」で寝ちゃうんですよ。それで朝6時前に起きるので、4時間くらい寝られたら十分かなって感じですね。

——それは痩せますよね。

菅原　でも試合前はお休みをいただけるので、ありがたいですね。

——いやあ、がんばっていらっしゃいますね。これはさらにファンが増えますよ。最終的な目標は、やっぱりK－1チャンピオンになることですよね？

菅原　まだそこまでは考えられていないですね。とにかくもっと強くならないとっていうのがあって、ちょっとずつって感じですね。

――ファンとして観ていたときに好きな選手と、自分も競技者になったときにあこがれる選手って、やっぱり変わってきます？

菅原　変わってきますね。やっぱり私の場合はＫＡＮＡさんですね。ジムの先輩なので人間性も知れるじゃないですか。ＫＡＮＡは選手としても、ひとりの人間としても本当にカッコいいなって思います。凄い失礼ですけど、男子選手はクソチャラいんで（笑）。

――アハハハハ！　クソチャラい！　吐きそうになります？

菅原　ホント、吐きそうになるくらいヤバい！（笑）。

――ジムでもエッチな話ばっかりしているんでしょうね（笑）。

菅原　もう感心しちゃうくらいですよ。「そんなことにそこまで頭を使うんですか？」みたいな。ホントにクズなので、最近は男の人はみんなそういう生き物だって見るようになってしまって（笑）。

――パッと思いつくファイターだと、城戸康裕選手とかイカれてそうですね（笑）。

菅原　城戸さんはハンパないですよ（笑）。でも中途半端ってカッコ悪いですけど、城戸さんはもうハンパないんで。

――突き抜けたカッコよさ（笑）。

菅原　突き抜けちゃってるんで尊敬しますね（笑）。選手としても人としても尊敬してますけど、女の人との関わり方がちょっと……。城戸さんに言われましたよ。「男は浮気する生き物だと思ってこれから先、付き合っていかなきゃダメだよ」って凄い真剣な顔で言われたんですよ（笑）。

――真顔で（笑）。

菅原　ジムの男子選手全員がそんな感じで、まともなのは（松本）日向くんくらいですよ。あとはみんな城戸さんに育てられて生きてるんで。

――城戸チルドレン（笑）。菅原さんはいま彼氏はいらっしゃるんですか？

菅原　いまはいないですけど、ほしいなとは思いますね。甘やかしてほしくて「がんばったね！」とかって言ってほしいです（笑）。でもチャンピオンになってから、ちょっと厳ついい感じのヤンキーみたいな人から声をかけられるようになりましたね。最近はそういうタイプの人からも……。

――もう、ずっとモテてる人生ってことですね（笑）。

菅原　いえ……まあ、はい（笑）。でもホント、もっともっと強くなれるようにがんばります！

菅原美優（すがわら・みゆう）
1999年11月22日生まれ、東京都板橋区出身。ファイター＆美容師。K-1ジム・三軒茶屋シルバーウルフ所属。
6歳のときから空手を始め、高校2年生で『第5回K-1アマチュア全日本大会』チャレンジBクラス女子-50kg級優勝。続けて第6回・第7回大会でも優勝を果たし、2019年1月26日『Krush.97』での豊嶋里美戦でプロデビュー。以降もKrushのリングで試合に出場し、2020年11月27日に開催された『Krush.119』での「第3代Krush女子アトム級王座決定トーナメント・決勝戦」で、MOEを判定で破り第3代Krush女子アトム級王者となる。また美容師の国家資格を有し、現在スタイリストになるための精進も格闘技と並行して行なっている。

坂本一弘

馬乗りゴリラビルジャーニー（仮）

第5回

ヒエラルキーが修斗の世界を作っている

構成：井上崇宏

（さかもと・かずひろ）
1969年3月4日生まれ、大阪府大阪市出身。
修斗プロデューサー/株式会社サステイン代表。

ドの攻防はボクの想像を超えていましたね

――どのあたりが想像を超えてましたか？

坂本　テイクダウンを取るとかどっち回りかとかの作戦だったり技術的なことは予想できますけど、気持ちは予想できないでしょ。最後の打ち合いの場面も、こないだの高谷（裕之）戦同様、しっかりと打ち合ったという斎藤の覚悟がカッコよかったんと違います？

――一部で判定に不満の声もあったりするんですけど、会場で観ていた感じでは判定せない、ポイントをつけさせないようにディフェンスしていかなきゃいけないわけです。攻めさせずに立ってしまえばポイントをつけづらくなりますよね。

——テイクダウンを無効化させる。

坂本　試合中にジャッジは「こっちが取ったから10－9」「攻め戻したから10－10」「でも、ややこっちかな。9・5－10・5」と常に天秤で測っていると思うんですよ。それで最終的にどっちかなと。ラウンドマストでもトータルマストでも、基本的にはそういう形なんですよ。それで10－9がついた時点でどういう作業が生まれるかと言うと、10－9をつけられた時点で勝つためには2ポイント取らないといけないわけですよ。

——そうですよね。

坂本　要するに、ひっくり返すには1点じゃなくて2点。だから基本的には格闘技は先手のスポーツなんです。そこは試合時間が決まっていて必ずその時間プレイしなくてはならないスポーツや、野球みたいに攻守が分かれているスポーツとの違いというか。それで10－9になった時点でそれをひっくり返すための2ポイントというのは、基本的にはダウンを取らないと2ポイントって入らない。ダウンを取ってやっと9－10から10－9になるわけですよね。だから一度後手に回ってしまうと、盛り返すにはかなりの労力がかかってしまうんですよ。

——先手を取るということは、主導権支配ということにもつながってくるんですね。

坂本　それと、じつはゴングが鳴った瞬間はあまり駆け引きは関係ないっていうのがあるじゃないですか。たとえばボクが井上さんと闘ったとして、試合が始まってから時間が経てば経つほどフィジカルが上だったり、技術や戦略が上のほうが勝っていく確率が上がりますけど、試合が始まった瞬間はあまり関係なくないですか？

——えっ、どういうことですか？

坂本　たとえばですよ、カーンと鳴った瞬間にぶん殴っちゃえば駆け引きっていらないじゃないですか。それが当たるか当たらないかはいったん別問題として、その瞬間は駆け引きが必要ないですよ。だから基本的には先手を取ったほうがいいんですよね。

——すみません、坂本さんの理論に物申すわけじゃないですけど、ボクは3秒で失神する自信がありますよ（笑）。

坂本　それはやってみないとわかりませんよ（笑）。でもですよ、井上さんが勝つ手段としてひとつあるのは、やっぱりボクよりも先に攻めることじゃないですか。

——それしかないですね。失神させられる前の2秒でなんとかする（笑）。

坂本　覚悟を決めればそれがいちばんの正攻法なんですよ。引き出しがあればあるほど後手でもいいですけど、経験が不足していたり、相手のほうが強いのであれば「先手を打つ」という発想がなきゃダメっていうのがボクの理論ですね。ゴングが鳴った瞬間がいちばんのチャンス。ケンカに持ち込むということです。試合が始まった瞬間に先手を打って、ラウンドを重ねてだんだんと格闘技になっていく。それでもどんな名選手でもラウンド中に1、2度のミスはしますから。斎藤と朝倉選手の試合は終盤に打ち合いになった。要するに攻める覚悟です。そこが予想を超えて素晴らしい試合になったっていう。

――試合後、斎藤選手が「修斗の関係者の人たちから『おめでとう』じゃなくて『ありがとう』と言われた」って言ってましたよね。

坂本　それはそれで正直な気持ちなんじゃないですかね。ただ、その反響も対戦相手の朝倉選手がここ最近の業界を引っ張ってやってきている存在だからですよね。だから斎藤も光ったわけじゃないですか。かつての佐藤ルミナvs宇野薫だってそう。ルミナが象徴的存在だったから勝った宇野くんが素晴らしかった。東京プロレスだって豊登だけで団体を立ち上げちゃったらダメじゃないですか。アントニオ猪木という絶対的な存在がいてこそですよね。

――急に流れ弾を食らう豊登（笑）。

坂本　だから斎藤が朝倉選手のことを腐すことはないじゃないですか。だからいいんですよ。人のことを落として上がるのではなく、やってきたことを出しましたという自己肯定ですよね。相手を否定することで自己肯定する人もいるけど、相手を否定せずに自己肯定を成しとげたというのが、今回、斎藤が評価を上げた一因でもあるじゃないですか。

――いまの時代の空気的にも、それが新鮮でしたね。

坂本　もちろんプロだからいろいろ盛り上げる方法論があっていい。でも人を落とさないで自分をきっちりと証明するっていうのは清々しいですよね。

――これは「修斗の勝利」という認識ではあります？

坂本　まあ、そういうことにもなるんだろうけど……少し違うかなあ。でも、そういう見方を作ってるのはマスコミですか？

――まあ、マスコミというか、そう思っているファンもたくさんいると思いますね。

坂本　おそらくプロレス的価値観だと、所属選手が勝つイコール団体の勝利という書き方もあるんでしょうけどね。それはきっと第三者が言うことであり、決めることなんでしょう。「そう思ってくれているならそれでいいや」っていう。ただ、これは斎藤の勝利ですよ。

――斎藤裕であり、パラエストラ小岩であり、修斗の勝利であり（笑）。

坂本　そこまでいくと修斗にもつながっていくけど（笑）、基本的には個人の勝利だと思いますよ。やっぱり、斎藤の試合はほとんど観てきてるからめちゃくちゃ嬉しいですけどね。そこの関係性があるかないかで違いますよね。ただ、「修斗の勝利だ」という気持ちになる人も多くいたっていうのは、それだけ修斗のことを愛してくれている人がいる、修斗にプライドを持って闘ってくれている選手がいるっていうことがボクはうれしいんですよ。

――あとボクが最近感じていることがありまして。たとえばサッカーって世界共通のスポーツで万国共通のルールなのに、国によって試合のリズムが違ったりするじゃないですか？　それってリーグのレベルや選手のスキルとかの違いで生じるものではないんじゃないかと思っているんですけど、MMAも同じ競技、ほぼ同じルールでありながらプロモーションによって見え方が全然違う気がするのはなぜですかね？

坂本　たとえば修斗だとどういう感じなんですか？

——修斗の試合はより生々しいというか、ゴツゴツしていて痛々しい感じがしますね。それは後楽園キャパの会場で観ているからというわけじゃなく。

坂本　ああ。それはいつも言うように修斗のシステムの中にがっちりとしたヒエラルキーがあるのが大きいと思うんですよ。アマチュア修斗があって、そこから上がって行ってしのぎを削り、ひとつの負けでドンと落ちちゃうわけじゃないですか。そこの勝負論じゃないかなと思いますね。

——あと、いわゆる観客論、お客さんがいて成立しているというエンタメ論を啓蒙したりすることはないですよね？

坂本　まったくないですね。

——なのに、ちゃんと試合がおもしろい。

坂本　だから、ずっとしのぎを削ってきたからでしょうね。選手はアマチュア修斗の段階でもう何年も削っていて、そういう彼らの思いが試合に出るんだと思いますね。いままで自分が打ち倒してきたヤツの思いの上に自分は成り立っているというか、アマチュア修斗で何十人も蹴落として全日本で優勝して、プロになってからもしのぎを削る闘いがずっと続くわけですから。

——そのシステムが修斗独自の香りを漂わせているってことですね。

坂本　そういうことですね。強い者を生むのっていつもそうじゃないですか。途方もなく大変だけど単純ですよ、そこは。だから井上さんが修斗を観て気づいてるってのが凄いなとボクは思いますね。そういうことはボクらはあえて考えないし、「盛り上げるために打ち合え」とかいう発想は絶対にないし、その方向には行かないです。そこにはいつも通りの風景を用意するだけです。どっちに勝ってほしいっていうのもまったくないですね。結果として「こっちが勝ったから次はこういうマッチメイクで」っていうのはあとで決めるけど、単純に「この試合、どうするんだろうな？」って思ってるだけなんですよね。だからプロモーター的な目線で見るのは試合が終わってからですよね。結果は下駄を履くまではわかんないですから。

——ほかのプロモーションでは、リングサイドにいる主催者の顔も観察しますけどね。「ああ、すげえ予定が狂ったって顔してるな」みたいな（笑）。

坂本　それ、ボクは技に対しては凄く思ってますね。「ここは1個センテンス、もったいなかったな」とか「もう1個刻まなかったな。だから負けちゃったね」とか、そこは思います。技にはプロセスがあって、結果が生まれるっていう因果関係がかならずあるので「ああ、この技をここで選ぶのか」とかね。勝因と敗因は考えます。あくまでボクは主催者として中立に見ているだけだし、長い歴史で作られた修斗のシステムを守っているだけです。だから「斎藤の勝利は修斗の勝利だ」とは思わないんですよ。まあ、そう言われるのは凄く嬉しいですけどね（笑）。

KAMINOGE COLUMN

TARZAN by TARZAN

ターザン バイ ターザン

TARZAN YAMAMOTO

INTERVIEW SERIALIZATION

はたして定義王・ターザン山本！は、ターザン山本！を定義することができるのか？「もしかしたら俺は谷川に対する嫉妬心があったのかもわからない。谷川は格闘技界という俺が関われない世界で絶対的な権限を持っていたわけ。内心、俺だって『大山倍達先生に会いたい』とかあるわけですよぉ。だけど会いたくても会えないんですよぉ！」

VOL.018

絵　五木田智央　聞き手　井上崇宏

第十八章 谷川貞治の退社

「文章を書くという行為の前に、モノの見方や考え方を変換させなきゃいけないんだよ」

――ご家族や猫ちゃんたちが家からいなくなって、その頃の山本さんの肩書きというのは「フリーライター」になるんですかね？

山本　まあ、浮浪者みたいなもんですよ。あるいは世の中からの出家みたいな感じで俺も気楽に生きていたわけですよ。そうしたらさ、1997年に奥さんがいなくなって、その2年後にジャイアント馬場さんが亡くなるでしょ。あの馬場さんが亡くなった1999年1月30日という日は、俺にとって次なる大事件だったんよ。毎日ぶらーっとしていて「もう、どうでもいいや」と思って生きていたんだけど、馬場さんの死がさらに俺とマット界との距離を作ったよね。

――距離が開いた。

山本　馬場さんがいなくなるということは、プロレス界がプロレス界じゃなくなるようなイメージがあったわけ。だから「もうプロレスには何もない」と。俺との関係性が完璧に切れた、終わったっていうことがわかったんよ。その頃は俺も全日本の会場には行かないようになっていたんだけど、まあ、馬場さんの死というものは大きかったよね。

――でも当時、紙プロにほぼレギュラーで出ていましたよね？　そこで週プロの表紙批評とかやってませんでしたっけ。

山本　やってた。あの企画が『週刊プロレス』の編集部というか佐藤（正行）くんからめちゃくちゃ嫌がられてたんですよ。「あれはもうやらないでください」って（笑）。

――それは嫌がられますよ。だから、やっぱりターザン山本ブランドっていうのはまだまだ確固たるものがありましたよね。

山本　（立ち上がって）いやいや、いまでもあるんですよっ！（どかっと座って）当時は『プロ☆勝ち』という本を出していたし、その間に俺は一揆塾という文章を書く人を育てる講座をやったりしていたじゃない。

――ありましたね、『プロ☆勝ち』と一揆塾。それと一揆塾を始める前に風俗ライターもやってましたよね。

山本　（すくっと立ち上がってすぐに座って無視して）渋谷の宇田川町にクラブみたいなところ（『ロックウエスト』）がビルの7階にあってさ、そこで生徒を募集して一揆塾と称した講座をやっていたわけですよ。「3カ月で6万円」とかでやったらさ、最初に50人来たんだよね。

――1期生が50人!?

山本　そうですよ。要するに『週刊プロレス』編集長のブランドが生きていたから、バーッともの凄い数の人が来たんですよ。

――一揆塾ってどういう経緯で始めることになったんですか？

山本　あれはそこのオーナーが「場所を貸すからどうですか？」って持ちかけてきた形でやることになったわけですよ。

――それで売り上げをシェアしましょうっていう感じで。

山本　そうしたら50人来たわけ。それで3カ月でひとり6万だからトータルで300万ですよ。でも俺のギャラは1回3万円よ。

――嘘でしょ？

山本　ホント！　1回の講座につき3万円を取っ払いでもらうという形で。

――講座は週1ですか？

山本　うん。

――じゃあ、月に12万じゃないですか。300万のうち、山本さんのギャラは36万。ほぼ10パーですよ。

山本　でもまあ、その人も経営が苦しいみたいなところがあって。

――アイデアの勝利でもあるし。

山本　それであのときにあれがいたんよ。佐藤篤。佐藤はそっちの後輩でしょ？　一時期、『SRS・DX』の編集部にもいたよね。

――いまも『KAMINOGE』の文字起こしを一手に引き受けてやってくれていますよ。

山本　それとイビジェカフェの会社（インターネット・ビジネス・ジャパン）の社長が俺の信奉者で、そこで将来、会社のリーダーになるような人たち6人くらいを一揆塾に参加させてきたんですよ。それは本人たちの意志じゃなしに社長命令で講座を受けに来ていたんよ。

――「プロレス殺法を身につけてこい」と（笑）。これはおべっかじゃなく、山本さんから文章を習うっていうのは値千金ではありますよね。

山本　イビジェカフェの幹部候補生のみなさんはもともと頭がいいんだけど、非常に勉強になったみたいよ。

――文章を教えるコツってなんですか？

山本　コツ？　まず、モノの見方や考え方を変換させなきゃいけないんだよ。文章を書くという行為の前に、たとえばそれまでAという見方をしていたら、「違うよ。Bという見方もあるよ」という考え方の基本から徹底的に変えさせるんですよ。だから俺は文章を書かせて校正をするというよりも、自分の考え方、週プロイズム、モノの見方、そういうものを徹底的に彼らに注入したんですよ。

「ターザンカフェの俺への20数万円の報酬はそんなに高くはないんですよ。安くはないというか」

――たしかにモノの見方さえおもしろければ、という部分はありますよね。

山本　それさえあれば、あとは技術の問題さえクリアすればいくらでも文章は書けるんですよ。そこで書くということに対して興味を持つか、やりたいと思うかだけなんですよ。

――人と違う視点、考え方を持つと、たとえ文章を書かなくても、別の仕事に応用できるでしょうね。

山本　そうそう。そこで俺の考え方を徹底的に浴びることで脳が覚醒するかどうか、要するに最後は覚醒なんですよぉ！　幻覚作用が起こるかどうかなんですよ。「あっ、こういう考え方もあるのか！」とスイッチが入るかどうかがいちばんの問題であって、そのスイッチを入れるために俺の考え方をもの凄い勢いで塾生たちにアジテーションするわけ。まるでテロのように言葉を爆発させていくわけですよ！

――それはある意味で山本さんの真骨頂であり、集大成というか。独自のモノの見方や考え方を獲得するというのは、大学の映画研究会から連なる歴史ですよね。

山本　それといまやっている『ターザンカフェ』の前身である『マイナーパワー』というウェブマガジンをニフティで立ち上げたんですよ。そういう意味では俺はインターネットの走りなんですよぉ！　その『マイナーパワー』でね、俺は日記を公開していたの。あれは月額500円だったんよ。そこでも収入を得ていたわけですよ。

――『マイナーパワー』の有料会員は何人くらいいたんですか？

山本　そのときもターザン山本神話が生きてるからさ、600人くらいいたよ。それで、いまみたいに私生活が厳しくチェックされていない時代だったんで、俺も個人名とかいろんな人間のプライベートな情報を好き放題、思いっきり書いていたわけですよ。だからめちゃくちゃおもしろかったわけですよぉ。でも、その『マイナーパワー』もいろんなことがあって、文章を更新してくれる人と揉めたわけですよ。要するにお金の件でトラブったんですよ。

――マイナーなくせにカネで揉めた（笑）。

山本　向こうがちょっとごまかしたんだよね。それで『マイナーパワー』は辞めたんですよ。そうしたらイビジェカフェの社長が『プロレスカフェ』を立ち上げたんよ。それで「そこに横並びで『ターザンカフェ』をやってくれませんか？」という打診が来て、「山本さんには毎月20何万円をお支払いします」ということで契約をしたんですよ。それがいまでも続いてるわけですよぉ。

——『ターザンカフェ』も長いですよね。久しく読んでないですけど（笑）。

山本　だから俺にとっては『ターザンカフェ』がなくなったら生活をやっていけないの。毎月20数万円のカネが保証されているんだから。俺、『ターザンカフェ』で日記とコラムを爆発的にアップしてるでしょ？　あれは報酬をもらってるからだもん。

——知ってますよ（笑）。

山本　それはどういうことかと言うと、イビジェカフェの社長が俺の文章を読むことを楽しみにしているんですよ！　俺がアップした文章の中には経営に関するあらゆるヒントがあるわけですよ。もともと俺のファンであり、俺の文章を読むことによって自分のビジネス、生き方にも役に立つというね。あるいはあそこの会社の重役連中にも俺のファンがいるわけ。その社員にも読ませているから、ネットでのビジネス講座みたいになっているんですよ。だから20数万円の報酬はそんなに高くはないんですよ。安くはないというか。

——どっち（笑）。

山本　とにかく非常に役に立っているんですよぉ。

——まあ、ちょっと外からの見え方だと、山本さんはお抱え力士的で、イビジェカフェは大タニマチっぽくはあるんですけどね。山本さんにお金を渡したくてやってるのかなっていう。

山本　でも、じつはその前に『マイナーパワー』でトラブったとき、K-1に佐藤さんって人がいたでしょ？　インターメディアっていう会社の社長の。

——あー、いましたね、佐藤猛さん。石井館長と一緒に脱税で摘発された人ですよね。

山本　そうそう、あのお金をごまかして捕まった。あの佐藤さんがじつはお金を出して『マイナーパワー』を買い取ったんですよ。だから馬場さんが亡くなったとき、佐藤さんが俺に「馬場さんの本を書け」って言うわけ。「『マイナーパワー』で馬場さんの原稿を1日に原稿用紙20枚くらい書け」って言われて、俺は2週間で200枚くらい書いたらそれが1冊の本（『G・馬場 二つの心』）になったんですよ。そうそう、『ターザンカフェ』を始める前にそういうこともやったよねえ。

「谷川がベースボールを辞めるとき、もの凄く青ざめた表情をしていたわけですよ」

——あっ、時間が前後するんですが、山本さんがベースボール・マガジン社を辞める前に『格闘技通信』の編集長だった谷川（貞治）さん、格通スタッフの石黒（由佳子）さん、そして週プロ記者の小島和宏さんが退社しますよね。それと一介のアルバイトだった自分と（笑）。１９９６年の春、山本さんが退社する数カ月前のことなんですけど。

山本　あれは俺は完全にだまされた！　おまえらに抜き打ちを食らったよぉ！（笑）。

――その年の12月に開局するＦＩＧＨＴＩＮＧ ＴＶ サムライのオープニングメンバーですよ（笑）。

山本　あれはなんていうかさ、谷川は「ベースボールを辞めます」と俺に言ってきたわけですよ。１階の会議室でしゃべったんだけど、まさかサムライに行くとは思わなかったんですよぉ。

――そのとき、谷川さんは退社する理由はなんと言ってたんですか？

山本　よく憶えてないんだけど、谷川からそう言われて「辞めるなら仕方がないな」と思って。だけど三井物産のあそこ（サムライＴＶ）に行くとは思ってもいないわけですよ。

――当時聞いた話だと、谷川さんはなかなか山本さんに退社したい旨を切り出せずに、日本酒の一升瓶をガブ飲みしてから山本さんに会いに行ったと。

山本　だから、そのときは清水の舞台から飛び降りるくらいの決心をして俺のところに来たというか、俺に対して悪いと思う気持ちがあったのか、心にひっかかりがあったのか知らないけど、もの凄く青ざめた表情をしていたわけですよ。

――それは悪酔いですね（笑）。

山本　非常に申し訳なさそうな顔をしているわけ。べつにさ、俺は裏切られたっていう気持ちはないんですよ。そんなもん、人生の選択だからいいわけですよ。でも彼の気持ちの中では俺に対して凄くうしろめたいっていう気持ちが山ほどあったわけ。だけど俺はそこで理由を追求しないから。これからどこに行くのか、何をするのかはいっさい聞かずに「ああ、わかった」という形で俺はスルーするからね。

――そういうとき、山本さんは相手を詰めないですよね。

山本　絶対に詰めない。「ああ、そうか」と。それは『週刊ファイト』の井上（義啓）編集長から学んだんですよ。俺がいろんなことがあって、突然「東京に行きます。ベースボール・マガジン社に入ります」って言ったときに「ああ、いいよ。行っておいで」と、それ以上は何も聞かなかったんですよ。「あっ、人を送り出すときはこれがベストのやり方だな」と、そのとき井上編集長から学んだんよ。「行くな」とか「残れ」とか「行ったらしんどいよ」とか「大変だよ」っていうのは一言も言わなかったから。むしろ「がんばってこい！」っていう形で井上編集長は俺を送り出したんよ。だから谷川がそう言ってきたときも俺は詮索するとか、疑うっていうことはまったくしなかったんだけど、とにかく本人はもの凄くビビッたような表情で来たんよね（笑）。それで俺がいちばんビックリしたのは、そのあとに石黒ちゃんとか小島も出て行ったことですよ。ビックリしましたよ！

――あっ、そうですか？

山本　でもよくよく考えたら、小島は行くタイプの男なんですよ。もう小島しか行かないわけですよ。

――小島さんしか行かない（笑）。

山本　編集部のほかのヤツらは絶対に行きませんよ。安西（伸一）とか市瀬（英俊）くん、佐藤くんとかは絶対に行かない。でも小島だけは異分子だから絶対に行くわけですよ。

――小島さんは異分子だったんですね。

山本　ほかのヤツらとはちょっとタイプが違ったんよ。それで井上くんも行ったでしょ。紙プロから原タコヤキ君も行ったよね。それでようやく全貌が見えたわけですよぉ。でも俺は「ああ、そうか。べつにいいんじゃないか」と思って。それで紙プロの発行人だった柳沢（忠之）さんが巨大なお披露目パーティーをやったでしょ。あのときも「ああ、そうか。こうなったんだな」と。あと、いま宝島でプロレス書籍をたくさん出している片山（恵悟）もいたでしょ？

――彼はボクと同い年で、我々ふたりがあそこでいちばんの下っ端だったんですよ。

山本　それでさ、俺も週プロの編集長を辞めたあと、サムライに招かれてプロレスの講義とかやったでしょ。

――ありましたね。SWS旗揚げ前にワカマツさんが山本さんに会いに来たときのように、じつは三井物産から山本さんにアプローチがあったとかっていうのはなかったんですか？

山本　いや、あったんよ。

――あった（笑）。

山本　最初にサムライの社長になる三井物産の井田さんが会いに来たんですよ。だけど、それはスカウトするような形では来ていないんですよ。ちょっと様子をうかがっているような、誘いたいような感じで。でも俺ってちょっと圧力が強いから。

――俺って圧力が強い（笑）。

山本　そこで最初から「じつはこういうプランがあります。ウチに来ませんか？」って言われていたら俺も完全に検討したんだけど、会いに来ただけのスタンスだったから、俺も意図がよくわかんなかったんですよ。だから、そういう事業をやることに対してアドバイスみたいな感じで雑談してだけで。もし、それがスカウトや引き抜き、ヘッドハンティングだったなら、こっちも条件を出してさ、それを飲んでくれたりしていたら俺はスイッチが入ったかもしれんよ。でも具体的なものは何も提示されなかったから雑談をしたまま終わったと。それで俺がダメだったんで、紙プロの柳沢とか格通の谷川のところに行ったというね。そういうことですよ。

「週プロを辞めたあと、もの凄い勢いでいろんな業界の人間が俺に近づいて来たんですよ。それこそPRIDEのトップの人がいたりとか」

――たぶん、山本さんの次に紙プロに会いに行ったんですよね。

山本　ああ、たしかそうそう。

――それで最初に柳沢さんが乗っかって、柳沢さんが谷川さんを引っ張ったという形ですよね。

山本　柳沢さんはあの当時、『猪木とは何か？』という本を出してもの凄く大ヒットさせていたでしょ。そういったことで紙プロがぐわーっと上がっていた時期で。

――何かをやらかすんじゃないかっていうムードは出してましたよね。

山本　出してた。だから俺はそこに乗っかれなくて、その前にもフジテレビから格闘技の話が来ていたでしょ。そのふたつのチャンスがあったわけだけど、そこで俺はアメリカ的な発想で週プロを捨てて、そっちに乗っからなきゃいけなかったわけだけど、俺の中では週プロを捨てるというビジネスライクな発想がなくて。だけど奥さんはそっちに行ってほしかったんだよね。

――まあ、キャリアのステップアップということになるんですかね。

山本　映像媒体のほうに行くことでね。そこが大きな人生の分かれ道になったんだけど、いま思えばあっちに行かなくてよかったなと。

――当時は「これからのメディアは紙から映像だ」っていうムードがあったんですけど、全然まだまだ活字ではありましたよね。

山本　そうそう。あとPRIDEを立ち上げたのは何年？

――1997年ですね。

山本　俺は1996年にベースボールを辞めたんだけど、まさに翌年にPRIDE関係者が俺に会いに来たんですよ。

――えっ、KRS（格闘技レボリューション・スピリッツ＝実行委員会組織）ですか？1997年から1998年までPRIDEを主催した実行委員会組織）ですか？

山本　そうそう。KRSが相談しに来たんですよ。そのときに興行をPRIDEとしてやるか、『PRIDE.1』『PRIDE.2』とカウントしてやるのがいいかっていうのを話していて、「それはワン、ツーで行ったほうがいいよ」と。あれ、俺のアイデアですよ！

――嘘でしょ？

山本　（立ち上がって）ホントですよぉ！

――当初、髙田vsヒクソンをやるためのイベントが『PRI

DE.1』で「プライドを懸けていちばんを決める」っていう意味だと思っていたら、『PRIDE.2』の開催が発表されて「これ、カウントしていくんだ?」って思ったんですよ。

山本　PRIDEをカウントさせたのは俺ですよぉぉ!

——そんな得意げになる話でもないですけど(笑)。

山本　俺はあそこに入っていたプロデューサーと親しかったわけですよ。

——TKトラックスの喜多村(豊)さん?

山本　そうそう。喜多村さんと親しかったんよ。向こうが週プロのファンだったから。とにかく週プロを辞めたあと、もの凄い勢いでいろんな業界の人間が俺に近づいて来たんですよ。それこそPRIDEのトップの人がいたりとか。×××のなんとかさんっていう。

——○○さん?

山本　うん。俺、あの人とも親しくなって。

——会ったんですか?

山本　うん、会った。

——まったく知らんかった、それ(笑)。

山本　あの人、後楽園のウインズ(場外馬券場)でも見かけたんよ。カバンに札束を入れてて、1回で100万買うシーンを俺は見てしまったんよ。声はかけられなかったけどね。やさしい人でしたよぉ。

——やさしい人(笑)。

山本　だから、そのときも俺はPRIDEにシフトすることができたんだけど、俺には欲や野望がないから、会っても雑談して終わりっていう形でね。毎回そうですよ。

「試合を載せたって意味ないじゃない。こっちは谷川に編集長代行を頼まれたからやっただけであって」

——それ、本当にヘッドハンティングなんですかね……(笑)。

山本　市ヶ谷にソニー・マガジンズっていう出版社があったでしょ。あそこが「格闘技の本を出したい」と言ってきたことがあって。

——『格闘ゲリラマガジン』ですよね。編集をローデスがやっていて。

山本　俺、社長と会ったときに向こうはそれを本気でやろうとしていたわけよ。それで普通だったら編集費をもらえるから背中を押したらいいじゃないですか。でも俺はそこではっきりと言ったわけですよ。「これはやっても長続きしないよ」と。普通なら誰もそんなことは言わないわけだけど、俺はそれを言ってしまったわけですよ。それを言ってしまった瞬間にその社長が「じゃあ、3カ月で終わりにしましょう」と言ったんよね。だから、そこで俺は柳沢さんに失望感を与えてしまったんよ。

——いわゆる〝三号雑誌〟というやつで終わったんですよ。

山本　要するにやっても続かない、非常に厳しい展開になるよっていう現実をしゃべってしまったわけですよ。普通なら調子のいいことを言ってさ、「ずっとやりましょう！」ってカネを引っ張り続ければいいわけですよ。だけど俺はそれをしなかったんよ。

——この話はちょっと、どういう意味合いで聞けばいいのかよくわからないですけど。『格闘ゲリラマガジン』は1号目が『PRIDE.1』の速報号だったから1997年の10月発売ですよね。あの「格闘技世紀末劇場 嗚呼、髙田 死の墓標」っていう表紙のキャッチは山本さんがつけたんですよ。

山本　そうそう。それと2号目は「間合い地獄」っていうやつでね。

——K-1のフィィリオvsホースト。

山本　そういった形で3号までやったんだけど、格闘技雑誌は限界があって厳しいっていうことがわかってたんで、俺はソニー・マガジンズの社長に正直に話したんだよね。

——そんな、ローデスの大事な収入源を勝手に断って……。

山本　そのあとにやった『SRS・DX』はどうなったん？

——いや、その前に『格闘パンチ』っていうのを1998年に出したんですよ。それはたしか2号で終わったんですよね。

そのあとローデスはしばらく仕事がない冬の時代が続いて、PRIDEが『PRIDE.4』が終わったあとに存続の危機となったときに、体制を立て直すべく、DSE（ドリームステージエンターテインメント）という組織を作られたんですよね。
山本　うん。
——それで『PRIDE.5』から谷川さんと柳沢さんがPRIDEのブレーンとして入ったんですよ。要はK-1の名古屋大会を榊原（信行）さんがいた会社が主催していたから、榊原さんとは以前から仲がよかったという。そこから「ブームにするためには専門誌が必要不可欠です」って言って、フジテレビ出版から『SRS・DX』を創刊したんですよ。
山本　だから俺にはその「だまくらかす」っていう発想がないわけですよ。常に真実を言ってしまうから。だから『SRS・DX』を立ち上げたときに谷川が編集長になるんだけど、「山本さんも手伝ってください」と言ってきたんで、俺も徹夜して書いたりとかね。橋本（宗洋）とかも編集部にいたよね。
——そうでしたね。だから意外とサムライ開局のときから、柳沢さんたちは何かやるたびに山本さんに声をかけ続けてましたよね。
山本　それで石井館長の脱税の問題があって、谷川がK-1のプロデューサーをやらなきゃいけなくなったでしょ。そうしたら雑誌のほうに関われなくなったんよ。そのときに「『SRS・DX』は山本さんがやってください」と。あれは月2回発売だったんだけど、俺はあそこで書くだけでギャラを50万もらってたんですよ。

——知ってますよ。月50万。

山本　だから俺はこの業界にしては凄い優遇されていたんだよねえ。

——でも、そうして編集長代行みたいになってから山本さんの暴挙が始まりましたよね。

山本　暴挙？

——たとえばK-1でパリに行ったとき、なぜかパリの街並みにたたずむ自分のグラビアに多くのページを割いたりとか。頭おかしいでしょ、あれ（笑）。

山本　そうそう。パリに行ったときにセーヌ川やエッフェル塔、凱旋門とかっていっぱい観光に行ったんですよ。

——なんの感情も持たない編集部の小松伸太郎を自由に扱ってましたもんね。あとは自分とテリー伊藤さんのツーショットを表紙にしたりとか。『SRS・DX』は山本さんがトドメを刺しましたよ。

山本　完全に私物化だよね。だって試合を載せたって意味ないじゃない。

——試合以上に山本さんのグラビアが意味なかったっていう（笑）。

山本　こっちは谷川に編集長代行を頼まれたからやっただけであって。

「谷川は格闘技界にはなかったプロレス的なアングルとか発想を徹底的に教えていったんですよ」

——でも山本さん。サムライ開局前に柳沢さんが「やっぱりターザン山本が必要だ」とかって言ってたら、谷川さんは「ターザンはもういいよぉ」ってひとり反対していたんですから（笑）。

山本　あっ、そう？

——だから谷川さんの中には、山本さんの圧から解放されたかったというのも絶対にありますよね。

山本　それはあるよ。絶対にある！

——ベースボール・マガジン社時代の山本さんと谷川さんの関係性っていうのは、完全なる主従関係だったわけじゃないですか。

山本　そうだったねえ。

——山本さんは週プロと格通、ふたつの編集部の長ですもんね。

山本　そうそう。第二編集部のトップですよ。

——谷川さんが作った格通の表紙に、山本さんが「なんだこれは！」って怒鳴り散らすようなシーンも何回かあったかと思うんですけど。

山本　でも彼は彼なりに自分の権限の中でやっていて、それはそれでよかったと思うんだけどね。俺、普通は何も言わないんだけど、表紙の作り方とかに関してはちょっと違和感を感じてたんよ。でも、もしかしたらそれは谷川に対する嫉妬心だったのかもわからないな。

——どうして嫉妬していたんですか？

山本　やっぱり、格闘技界の中では谷川は大山倍達とかとも親しいわけで、そういう独自のグループというか、それはプロレス界とは別の世界でしょ。そうすると俺はそっちの世界とは関われないじゃない。その関われない世界の中で谷川は絶対的な権限を持っていたわけ。そこに俺は嫉妬したかもわからないね。内心、俺だって「大山先生に会いたい」とかあるわけですよぉ！

——山本さんもマス・オーヤマに会いたかった（笑）。

山本　そりゃそうですよぉ。大道塾の東（孝）先生とか、あるいは極真の松井（章圭）さんとか。だけど会いたくても会えないんですよ。でも、そこで谷川はダイナミックな活躍をしていたわけで、それに対する嫉妬だったんじゃない？

——嫉妬して怒鳴るって最低ですね（笑）。

山本　それはありますよ。

——だから山本さんと谷川さんは、団体とのスタンスが真逆でしたよね。谷川さんはどんどん中に入って行って、一緒に作りあげるっていうか。

山本　週プロは売れてるけど、格通は非常に苦戦をしていると。要するに格闘技はあくまでやる側のものだったから、ほとんど読者がいないんよ。それでも「なんとかして週プロに一矢報いたい」という彼の執念があったわけですよ。そこで格闘技界にはなかった、プロレス的なアングルとか発想を谷川は持ち込んで、それぞれの団体のトップに会ってね、「こうしたほうがいいですよ、ああしたほうがいいですよ」って中に食い込んで行ってアングルとデザインを徹底的に教えていったんですよ。そういう形で急接近したわけ。だから、それは団体と距離を置くスタンスとの俺とはまったく違ったわけですよ。

——まあ、発展途上国に井戸を掘りに行くようなもんですよね。

山本　そうそう。だから格闘技界の人たちの頭をやわらかくしなきゃいけないっていうのを谷川は必死になってやっていて、それで共犯関係となって誌面を作っていき、格闘技界をプロレス的におもしろくしていきましょうっていう考えだったんですよ。それは正しいわけですよ。その発想がさらに発展していって「映像媒体の中に入っていかないとダメだ」となり、彼は映像のほうに行ったわけですよ。

――フジテレビ格闘技委員会みたいな存在も、谷川さんの中ではワンステップあったんでしょうね。

山本　あった。それでまた、谷川は人を持ち上げてゴマをするのがうまいわけですよ。

――人をその気にさせる、気持ちよくさせることにかけては天才ですよね。

山本　凄い才能ですよ！　彼にはそういった独特の交渉術があるわけですよ。ヌルヌルした感じで相手に恐怖感も与えたりしないし、ピターッと接近できるんですよ。

――そこも山本さんとは対照的でしたよね。

山本　それと彼は週プロに対抗するために格通を月刊から隔週刊にしたんだけど、それが彼はずっと週プロがもらってぃた社長賞を獲ったからね。彼の執念というのはもの凄かったよね。

――K－1を世に出して、ブレイクさせたのは谷川さんですか？

山本　じゃないね。

――K－1グランプリというネーミングを考えたのは、石井館長じゃなくて谷川さんだったって話を聞いたことがあるんですけど。

山本　ああ、じゃあそうかもしれないね。俺は谷川と石井館長の横のつながりはわかんないから。とにかく谷川はいちばんの出世頭ですよ。K－1のトップに立ったことで俺を超えたわけですよぉ。

――谷川さんには、もともとそういう野心というか出世欲みたいなものってあったんですかね？

山本　大学時代にアメリカンフットボールをやっていて、それからベースボールに入社してきて、最初は『近代柔道』を作っていたんですよ。それで杉山（頴男）編集長が格通を創刊するときに谷川を引っ張ったんだよね。そういった意味では非常に運がいい男ですよ。でも谷川が格通の編集長をやっていた頃に、紙プロが『猪木とは何か？』とか『極真とは何か？』を作っていたでしょ。そこで谷川は柳沢さんというパートナーに出会ったという。ベースボールにいたらずっと俺の下じゃないですか。そこに限界を感じて向こうに行ったわけですよ。そういった意味ではダイナミックな男だよね。選択肢がいいんよ。

――ただ、いまは何をやっているのかよくわからない人になっちゃって……。

山本　だから活字の人間が何人か映像媒体に行ったけど、先が見えるというか、かならず賞味期限が来るんだよね。絶対にそうなるんですよ。活字にこだわるか、それとも映像に行くかっていうそこの二者択一があったとき、活字は作業が地味で、映像媒体のほうが派手でしょ。だから柳沢さんも映像のほうに行ったわけですよ。山口（日昇）もそうでしょ。あの3人は活字を捨てたわけですよ。

――いや、山口さんはサムライに行かずに紙プロを作ってましたよ。

山本　でも、あれをやったでしょ。ハッスル。

――ああ、のちに興行制作に回りましたね。

山本　興行に回っちゃって、紙プロをほかの人に任せちゃったでしょ。あれも大きな歴史の流れだったよね。だけど、それが彼らの没落につながったんですよぉ。

ターザン山本！（たーざん・やまもと）
1946年4月26日生まれ、山口県岩国市出身。
ライター。元『週刊プロレス』編集長。
立命館大学を中退後、映写技師を経て新大阪新聞社に入社して『週刊ファイト』で記者を務める。その後、ベースボール・マガジン社に移籍。1987年に『週刊プロレス』の編集長に就任し、“活字プロレス”“密航”などの流行語を生み、週プロを公称40万部という怪物メディアへと成長させた。

［あらすじ］かつて所属したレスラー養成機関・蟻の穴の仲間であったレスラー、スターフィッシュから自殺を仄めかすメッセージがパンサーキッド（伊藤）の元に届く。コールバックをした伊藤はつい自殺をあおるような言動をしてしまい強く後悔する。

んん
むにゃむにゃ
ぷぷぷぷぷぷ
ぐはははははははは
オレも出そうだ
くくく行くぞ
ブーッ
!!
ぐわっ
殺すぞ!

埼玉県
ガーー
ただいま電話に出ることが……
寝てるだけだよな
飲みすぎてんだろ
パカッ
確かこの辺だったはず
あった
ここだ
ガチャ
開いてる
パチ

おい
スターフィッシュ
大丈夫か？
か―――っ
なんだこいつ
ふんっ
ヅッ
全然起きねえ
帰ろう
アホらし
カチャ
カチャ

KENICHI ITO

涙枯れるまで泣くほうがEマイナー

VOL.01

弥益ドミネーター聡志という男

伊藤健一

（いとう・けんいち）
1975年11月9日生まれ、東京都港区出身。格闘家、さらに企業家としての顔を持つため"闘うIT社長"と呼ばれている。ターザン山本！信奉者であり、UWF研究家でもある。

井上編集長から突然、LINEが来た。

「イトケン、コラムの連載をやらないか？格闘技について書いてほしいんだけど……」

万年勝ち星野郎と言われている編集長にしては非常に弱気な文面だ。めずらしい。

しかし、私はわかっている。これは編集長お得意の蝶野ばりの〝死んだふり〟なのだ。

ここで私が調子に乗って「よし、ページを押さえろ!!」などと返信をすると、口癖である「おまえに固くなったわ」という台詞を発し、瞬く間にキラー井上に変身するのだ。

そんなキラーな一面をよく知っている私は慎重に対応した。

たしかに私は超人気不定期連載「お〜い、洋一」シリーズなど、『KAMINOGE』の誌面に何度か自分の書いた文を掲載してもらった。

しかし、それは一発にすべてを懸けた〝新人バンドのファーストアルバムいちばんいい説〟みたいなものであり、毎月コラムを書くとなるとまったく違うものになる。

おいしいチャーハンも1回なら奇跡で作れるかもしれないが、同じクオリティのものをランチタイムに100回作ることは無理だろう。100回おいしいチャーハンを作ることができるのがプロなのだ。

加えて、『KAMINOGE』連載陣の豪華メンバーを考えてもビビった。10月のQUINTETでの中村大介戦（秒殺負け。詳細は本誌108号「2020年の伊藤健一」参照）と同じくらいビビった。

なので、いったんLINEは既読スルーさせていただいた。

すると後日、井上編集長が突然、私をドライブに誘ってきた。

私の新車レクサスに乗りたいのか、それとも溺愛している女子格闘家、浜崎朱加選手について語りたいのだろうか。その真意は掴めずにいたが、私は提案に乗った。

深夜に三軒茶屋で待ち合わせし、渋谷、青山、恵比寿、六本木あたりをレクサスで流し、車中ではオッサンふたりが「菅野美穂にだけは嫌われたくないよな〜!」などと、ただただくだらない話をして大変な盛り上がりを見せた。

そんな井上編集長が作り出す車中の雰囲気（通称きびだんごマジック）に、QUINTETで生き恥をさらし、すべてのことにやる気を失っていた私も、まだ何かやれるんじゃないかという気持ちが芽生えてきた。

そうか、このドライブは編集長による私へのイニシエーションなのか……。この状況はまるで、編集長が週プロバイト時代、いきなり手に傘を持ったターザンから「なんでシンがサーベルの先ではなく柄の部分で相手を殴るかわかるか!?」と問われたエピソードに似ている。編集長が「先で刺したら危ないからです！」と答えたところ、ターザンがにっこりと笑ったというのだ。

いや、そうに違いない、間違いないと確信した私は、ドライブのラストとなった駒沢のカフェで「コラムやります！」と正式に返答をした。

そんなカッカする私を見て、さっきまで私にインスタの投稿を見せながら「浜崎が『いいね』してくれてるよ〜」とニヤニヤだった編集長が、途端に〝氷の皇帝〟エメリヤーエンコ・ヒョードルを彷彿とさせる殺人者の目となり、「まあ、いいけど……。おまえそれ、『KAMINOGE』の連載メンバーがどんなメンツだかわかって言ってるんだろうな？」とキラー井上に大変身したのだった……。

アチャーだ。

そんなわけで今月から私の新連載がスタートです。仰せの通り、格闘技について、格闘家について書きます。

12月10日、私の友人である弥益ドミネーター聡志選手が、大晦日のRIZINで朝倉未来選手と対戦することが発表された。なんと！

これは彼にとって人生最大のチャンス。友人が、いまいちばん有名な格闘家と言っても過言ではない未来選手と闘うということに私はとてつもない興奮を覚えた。

弥益は、日本人なら誰もが一度はお土産でもらって食べたことがあろう超有名お菓子メーカーの会社員。筑波大学の大学院卒なので、おそらく幹部候補なのだろう。

職場が私と近いこともあり、エリートサラリーマンらしい清潔感あふれるパリッとしたシャツを着こなす益弥とは何度となく道端で遭遇した。

しかし、年齢も30を過ぎ、頭部の薄さが少し気になって来たようで、奥さんにAGA治療の費用の捻出を打診したがあえなく却下されたと、一緒に行ったサウナでボソッとさびしそうにつぶやいていたこともあった。

そんな弥益のいちばんの武器は変速的な打撃だ。構えを左右にスイッチするため、相手にパンチが見えづらく、しかも重い。

私もスパーリングをしたときは、彼のパンチがまったく見えずにかなり被弾してしまった記憶がある。

勝負の行方は、どっしりと構え、得意のカウンターを狙ってくるであろう未来選手に、勇気を持って中に入り、どこまで弥益スタイルが貫けるかにかかっていると思う。

未来選手とは以前スパーリングをしたことがあるらしく、「けっこうやられました」と言ってはいたけど、そのときはそのとき、格闘技のリングでは何が起こるかわからない。

がんばれ、弥益。もし勝ったら、治療費は私が全額面倒をみることをここに約束する。

マッスル坂井と真夜中のテレフォンで。

12/12

MUSCLE SAKAI DEEPNIGHT TELEPHONE

じつは濃厚接触者として人知れず自宅待機していたんですよ。Netflix、Amazonプライム、YouTubeを観まくって、ウイスキーを3本空けましたよ（笑）。

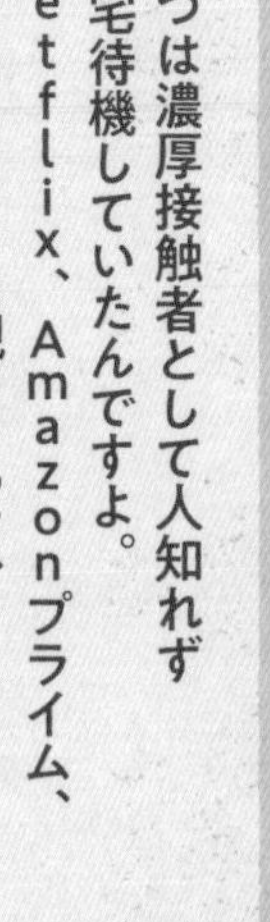

「保健所から電話がかかってきて『これはヤバいな……』となって」

――すいません、きのう収録をやる予定だったのに1日延ばしてもらって。

坂井　きのう、井上さんが「22時くらいに電話する」って言ってたからずっと待ってたけど、俺はもう22時の段階で眠くて眠くてフラフラしてたんですよ。それで22時半くらいまで待ってても電話が来ないから「いま電話をかけてこられても無理だな」と思いつつ。

――眠くておもしろいことなんて1個も言えないぞと。

坂井　そうしたら23時くらいに「やっぱ明日にしますか？汗」ってLINEがきたから「これは俺が悪いわけじゃないな。井上さんに何かモチベーションの低下が生じたな」と思って。

――いやいや、すみませんでした。あれ、きのう俺は何をしてたんだっけ？

坂井　いや、だからクロマニヨンズでしょ。

――そうだ。クロマニヨンズのライブ配信を21時から観るから、それが終わったら電話するって言ってたんですね。しかし、私はいい歳をしてライブの余韻に浸ってまして（笑）。

坂井　ライブを観終わったあとの高揚感？

――そう。「もう今日は誰とも話したくないな」ってなり（笑）。

坂井　井上さんって普段、クロマニヨンズのライブを観に行くじゃないですか？　やっぱり終演後に楽屋挨拶とか行っちゃうんすか？

――行かない、行けない！　そんなのないから。

構成：井上崇宏

坂井　じゃあ、「今日はお疲れ様でした！　よかったです！」みたいなLINEをヒロトさんに送ったりするの？

――できないでしょう、そんなの―。

坂井　えっ、でも『KAMINOGE』では普段LINEでやりとりしているような感じでインタビューしてるじゃないですか。

――いやいや、LINEをやってるかどうかすらも知りませんから。

坂井　俺とか藤井健太郎さんとはLINEグループでキャッキャしてるのに？　きのうだって藤井さんと3人で、もっぱら成田大致の話題であんなにラリーしたのに？

――だから俺がキャッキャしていい相手じゃないってことだよ（笑）。あっ、そういえばコロナ。

坂井　コロナ？　ああ、俺がこないだまで人知れず2週間ほど自宅待機していた話ですね。プロレスの興行で東京に行ったときに、2日間ほぼすべての食事を共にしていた先輩レスラーが新型コロナウイルスの陽性になっちゃいまして。

――ヤス・ウラノさん。

坂井　その一緒に行動していた期間っていうのが、ウラノさんが発症する2日ほど前だったんで、俺は濃厚接触者ということになりまして。それで新潟に戻ったときって会社に年配の人も多いから、俺は病院で抗原検査ってやつだけは自費でやってるんですよ。それで陰性だったから普通に会社で仕事をしていたら、その翌朝に「じつは濃厚接触者です」って保健所から電話がかかってきて「これはヤバいな……」と。

――抗原検査で陰性でもダメ？

坂井　ダメなんですって。「抗原検査を受けて陰性だったとしても、PCR検査を受けないとよろしくないです」って言われて、自分では大丈夫だと思っていても不安になりますよね。

――まあ、私にもそんな不安の電話をかけてきましたよね。

坂井　俺が？　ああ、しましたよね（笑）。

――ちょっと不安そうなというか、逆にテンションが高かった。「明日、結果が出るんですよ！　井上さんはどっちだと思います？」って（笑）。

坂井　ああ、それはコロナハイだよ。自分の中で体調の変化はいっさいなかったんだけど、それでも2日前に会った人が陽性だったら濃厚接触者になっちゃうわけですからね。それで一応2日前までさかのぼって、その間に会った人たちに連絡したり、仕事先で会った人には松竹のマネージャーから連絡をしてもらったりとか、こっちとしても「なんかもう、ごめんなさい！」みたいな感じになるじゃないですか。それでPCR検査の結果って、どうやら陽性の人から順番に連絡してくるっぽいんですね。そうしたら俺のところに電話があったのが朝9時前くらいで。

――「ゲッ、早い！」と。

坂井　実際、ウラノさんも連絡をもらうのが早かったらしいんですよ。それで俺もドキッとしてたら、保健所の人がうれしそうに「検査の結果は陰性でしたよ」みたいな。こっちの名前とか仕事とか状況をすべて話してるから、うすうす俺が何者なのかわかってるわけですよ。

――「あっ、コイツはあのおもしろ覆面レスラーか」と（笑）。

坂井　そうそう（笑）。だから新潟市としても、そんなヤツが陽性になったら公表しなきゃいけないでしょうし、正直めんどくさいと思うんですよ。だから凄くホッとされたような声をされていて（笑）。

——お互いにホッとして。

坂井　それでもさかのぼって、接触した日から2週間は自宅待機ですから。

——あっ、陰性でもそうなるんだ。

坂井　そう。だからずっと自宅にいてですね、SNSでもあまり不在を感じさせないようにして。

——不在を感じさせないようにするってどうやってやるの？（笑）。

坂井　わかんないですけど、最近の私のツイートとかをさかのぼってもらえたら、あまり不在が感じられないと思うんですよ（笑）。もともとプロレスの興行とかは入ってなかったし、その過密期間から抜けた瞬間の出来事ですから。それで会社の会議もリモートには対応していないんですけど、全部メールとか電話でやりとりをしたりして。ラジオもリモートで出演して、テレビはたまたま収録していたので1週間分だけ休んだんですけど。

——1週間分はストックがあったってことですね。

坂井　そうです。でも、わかんないっていうか、こっちも散々対策をして、検温をしたり、体調の変化に気をつけながら生活していても「なっちゃうものはなっちゃうんだな」っていうのがよくわかりましたよね。今回、自分が濃厚接触者になったっていう話は、まだどこにもしていないんですよ。自宅待機中に子どもが学校で不当な扱いを受けたりするのもよろしくないと思ったし。

「ウチはそういう部分では腹をくくってる。じゃないと、こんなに新潟と東京を往復させてもらえない」

——そういうとき、家では何をして過ごしているの？

坂井　それがね、いたらいたで仕事とかやることがいっぱいあるんですよ。だから、わりと世の中がそれなりに通常営業に戻ってきてたってことですかね。でも10日間以上もずっと家にいたのって、家を購入してから初めてかもしれないですよね。

——いやいや、人生初じゃないの？　生まれたときくらいでしょ。

坂井　乳児以来か。最初の数日間はまったく何もやってなくて、濃厚接触者同士とか、濃厚接触者の濃厚接触者に体調を気づかう連絡なんかをしているだけで、あっという間に1日が経っちゃうんですよ。それがある程度落ちついてきてからは、Ｎｅｔｆｌｉｘ、Ａｍａｚｏｎプライム、ＹｏｕＴｕｂｅを観まくるだけでは飽き足らず、Ｐａｒａｖｉとかにも手を出したりとかして。

——有意義な時間（笑）。

坂井　そうですねー。「夜9時までは飲酒しない」って決めていて、それで9時になったらお酒を飲むんですけど。ちょうどＮｅｔｆｌｉｘで『ピーキー・ブラインダーズ』っていうイギリスのギャングたちのドラマをずっと観ていたんですよ。とにかくアイツらはアイリッシュウイスキーを水のように飲んでいて、ウイスキー以外の飲み物はいっさい飲まないんですね。摂取するのはウイスキーとコカインとタバコだけで、5シリーズ、ほぼ食事シーンがなしっていうやつなんですけど、そのドラマが超カッコよくて。こっちはそれをずっと観てるから、もうウイスキーが飲みたくて飲みたくてしょうがないんですよ。だから自粛生活中にウイスキーを3本空けましたね（笑）。

——バカ！（笑）。ちなみに陰性だという結果が出るまで、ご家族のみなさんはどういう感じなんですか？

坂井　結果が出る日までは息子に学校は休

ませましたよね。休まなくてもいいみたいなムードが出てて、決まりでは休まなくてもいいっていうのは学校からも言われるんだけど、「ルール上は来てもいいんですけど……」っていうくだりをめちゃめちゃ言われるっていう（笑）。

——暗に「またぐなよ？」と（笑）。

坂井　「こちらとしては来ていただいても大丈夫です……」みたいな。

——「ルール上は来てもいいけど、マナー上はどうかな？」（笑）。

坂井　そうそうそう。でもウチはそういう部分では腹をくくってるというか、コロナになったらなったでしょうがないとは思ってるんだけどね。だって、そうじゃなかったらこんなに新潟と東京を往復させてもらえないじゃないですか。

——ああ、たしかに。

坂井　そうだし、ちゃんと新潟に帰ってきたら自主検査には行ってるしね。俺は月に平均2〜3回は何かしらの検査をしていますからね。

——我々のまわりの誰よりも検査してるもんね。

坂井　はい。それで家で酒を飲むか、Netflixを観るかっていう生活をしているなか、井上さんから「大井洋一さんのイラストを描いてくれ」っていう超重要な仕事のオファーをもらってね。

——そうだ。あれ、自粛中だったのか。

坂井　『大井洋一の冗談じゃない!!』ってタイトル文字とね。あの「冗談じゃない」ってなんなんスか？

——あれさ、大井の口ぐせなんだよ。

坂井　「冗談じゃない!!」って言うんだ（笑）。

——仕事をバリバリやる男じゃん。「あー、忙しい忙しい。冗談じゃない!!」「ああ、めんどくせえ。また電話だ。冗談じゃない!!」みたいな（笑）。

坂井　ワハハハハ！

——だから坂井さんに描いてもらったイラストを本人に「どうだ？」って見せたら「うわ、めっちゃ嬉しい」って言ってたんだよ。でも、その瞬間から二度とアイツの口から「冗談じゃない!!」っていう言葉が聞けなくなったんだよ（笑）。

坂井　マジっスか!?（笑）。

——マジだよ！　何か大きなものを失った気分だよ、俺は。「あっ、これは俺の口癖なのか？」って気づいちゃったんだろうね。大井を知る人たちの前でモノマネじゃないけど、「もう冗談じゃない!!」って言うと、もうみんなが「うわ、それ言うー！」って爆笑するくらいの口癖だったんだけど（笑）。

坂井　それ、大井さんの前ではやってなかったんですか？（笑）。

——やってないよ。

坂井　非常にお忙しい地位も名声もある人気放送作家が、言ってしまえば好意で連載を始めてくれることに対して、井上さんはそういうタイトルの付け方をしちゃったってこと？

——だからアイツはいま、すげえストレスが溜まってると思うよ（笑）。

坂井　「冗談じゃない!!」が言えなくて（笑）。

——だってこれ、禁煙開始みたいなもんでしょ（笑）。

坂井　たしかにこれまで「冗談じゃない!!」って言うことでさまざまなストレスが発散されていたんでしょうね。それができないストレスが溜まりに溜まって、むしろいまがいちばん「冗談じゃない!!」って言いたいくらいでしょうね。

KAMINOGE №109

次号 KAMINOGE110 は
2021 年 2 月 5 日（金）発売予定！

これが〝秘密の共有〟だ！
Facebook で中国人美女たちと
繋がりまくる日々!!

2021 年 1 月 18 日
初版第 1 刷発行

発行人
後尾和男

制作
玄文社

編集
有限会社ペールワンズ
（『KAMINOGE』編集部）
〒 154-0011
東京都世田谷区上馬 1-33-3
KAMIUMA PLACE 106

WRITE AND WRITE
井上崇宏
堀江ガンツ

編集協力
佐藤篤
村上陽子

デザイン
高梨仁史

表紙デザイン
井口弘史

カメラマン
タイコウクニヨシ
当山礼子
橋詰大地

編者
KAMINOGE 編集部

発行所
玄文社
［本社］
〒 107-0052
東京都港区高輪 4-8-11-306
［事業所］
東京都新宿区水道町 2-15
新灯ビル
TEL:03-6867-0202
FAX:048-525-6747

印刷・製本
新灯印刷株式会社

本文用紙：
OK アドニスラフ　W A/T 46.5kg

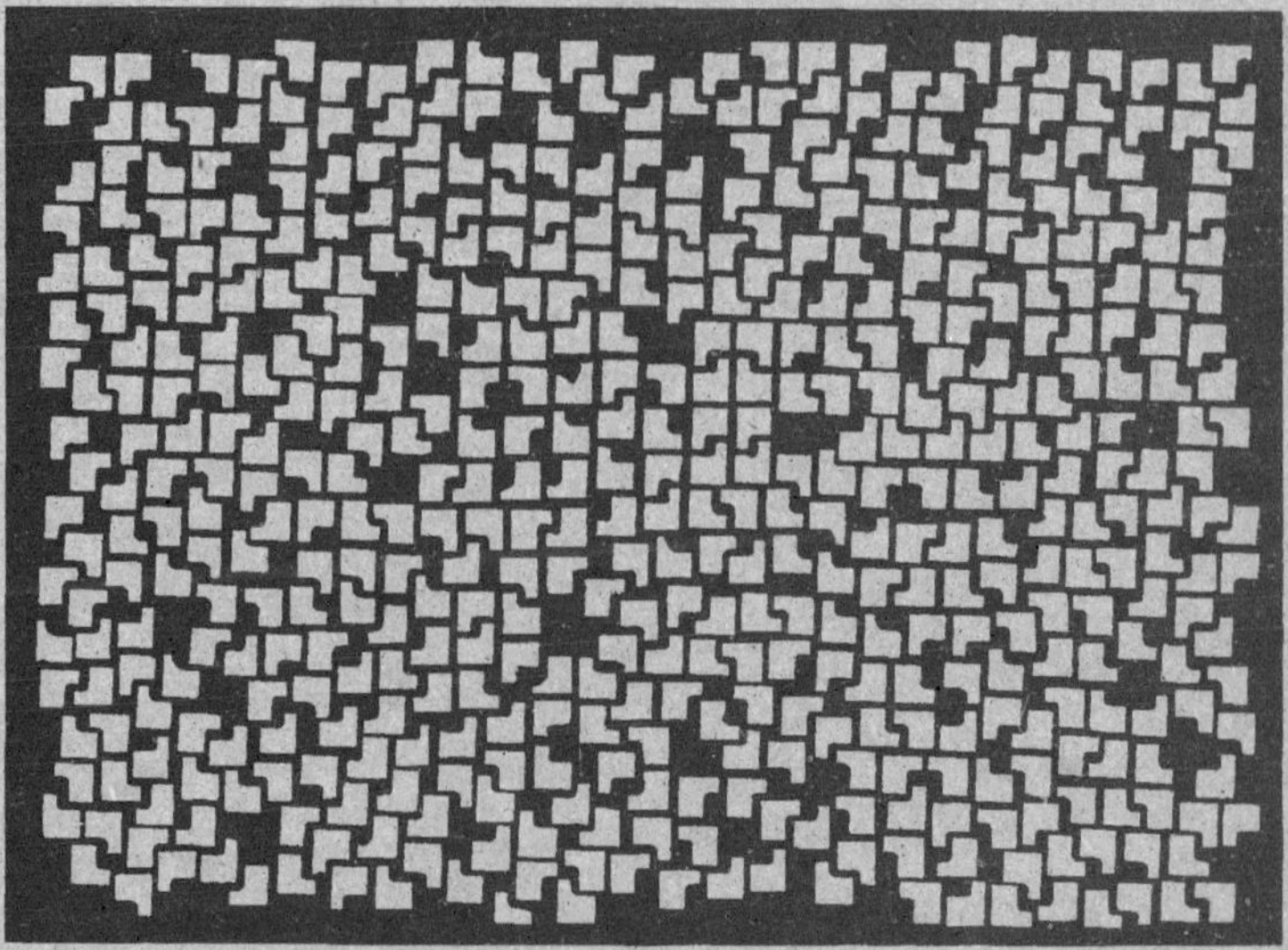
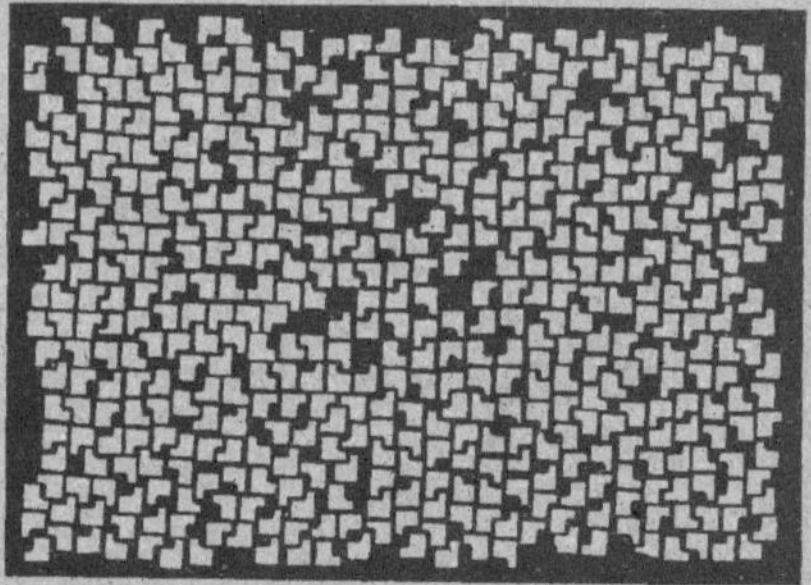
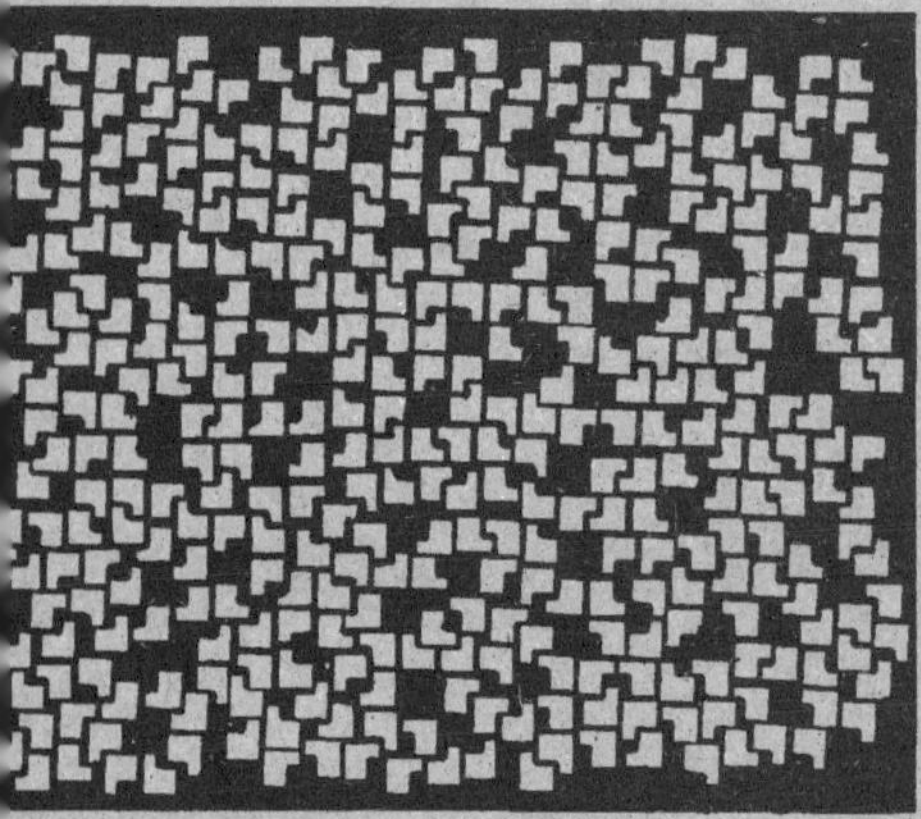
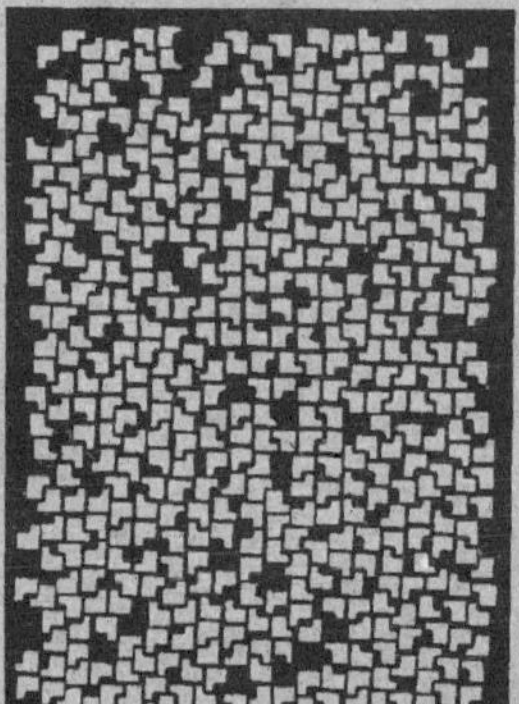
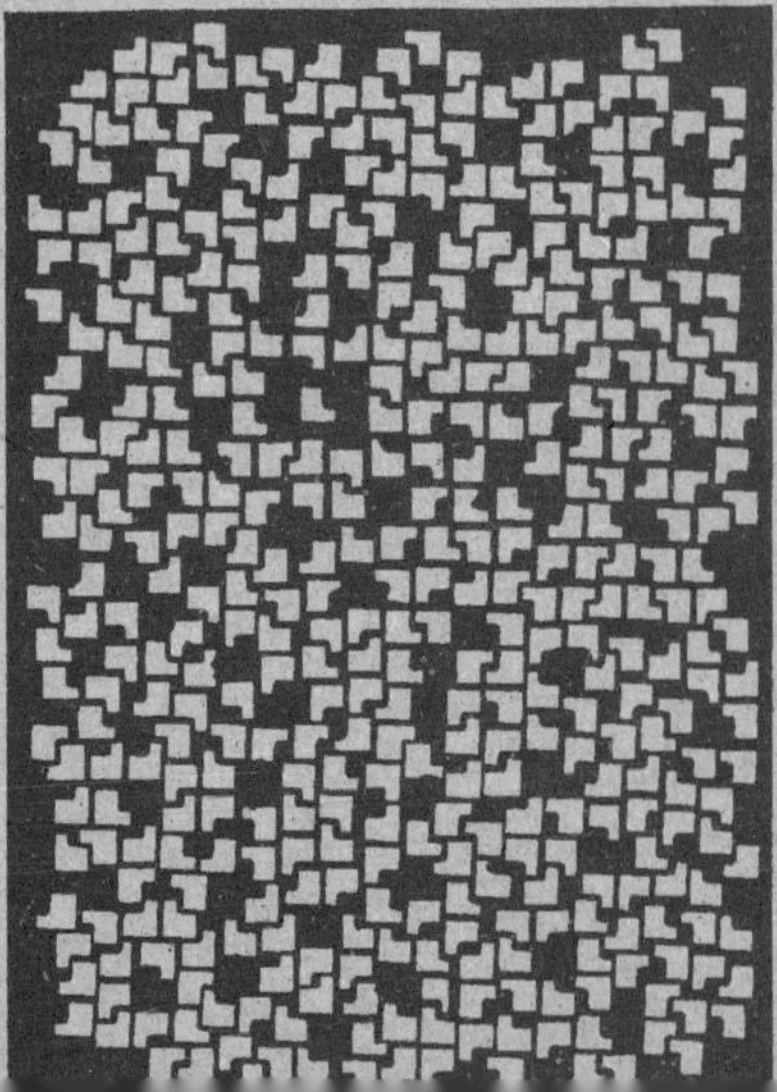

9784905937487

1920075012007

ISBN978-4-905937-48-7
C0075 ¥1200E

定価（本体1,200円＋税）

THE PEHLWANS

東京

**WRESTLING
at the
KAMIUMA SETAGAYA
TOKYO JAPAN**